もう一度見たくなる100本の映画たち

立花珠樹

selected by Tamaki Tachibana

100 Movies

外国映画編

言視舎

はじめに――豊かな映画の森へようこそ

『街の灯』から『わたしは、ダニエル・ブレイク』まで

この本には、1931年にロサンゼルスで初上映された**チャールズ・チャップリン監督『街の灯』**から、2016年のカンヌ国際映画祭でパルムドールを受賞した**ケン・ローチ監督『わたしは、ダニエル・ブレイク』**まで、外国映画の名作100本を紹介したコラムを収めている（186ページの『**父親たちの星条旗**』と『**硫黄島からの手紙**』は、便宜上1本と数えた）。

モノクロでサイレントの『街の灯』と、カラーで音声も付いている『わたしは、ダニエル・ブレイク』。一見、全く共通点はなさそうな2作品だが、実は内容的に似通ったところがある。どちらも、不況を背景に、職を失った中高年の男性が、自分より困っている若い女性を救おうとし、ドラマが展開していくことだ。

元々、この2作を始めと終わりに置こうと考えて、100本のコラムを書き始めたわけではない。だが、85年もの時間差があり、舞台も米国と英国と異なっている2作を比べて見て、人の心の動き方に変わりがないことを、改めて感じた。作り手の視点が弱者に寄り添っているのも共通している。『街の灯』も『わたしは、ダニエル・ブレイク』も、普通に生きている人の日々の営みや、喜びや悲しみが描かれているから、時代や国境を超えて、多くのファンに支持されているのだろう。

この本で取り上げているのは、そうした人間を見つめた「映画たち」だ。

もう一度、見たくなるんだよ

名作映画の魅力を紹介するコラムを書き始めたのは、2008年の春だ。「あのころ、映画があった」というタイトルで、これまで見てきた大好きな映画を取り上げ、勤務先の共同通信社から全国の加盟新聞社に向けた企画記事として、週1本のペースで送信した。

映画の宣伝や単なる説明ではなく、かといって難解な批評でもない。できるだけ平易な言葉を使って、友だちにしゃべるように映画の魅力を伝えることができないだろうか。その一心だった。

正直なところ、最初は不安だった。新聞の映画欄は、公開を控えた新作映画についての紹介記事や、監督や出演者のインタビュー記事などが中心だ。昔の映画について書いたコラムを、どれほどの新聞社が使ってくれるのか、全く見通しは立たなかった。だが、半年くらいたつと、読者や新聞社の担当者から、予想外の嬉しい反響が続々と伝わってきた。そして、この間、十数紙がコンスタントにコラムを掲載してくれた。書き続けることができたのは、そうした声に支えられたからだ。

「愛媛新聞に毎週載っているあんたのコラムを読むのが楽しみなんだ。昔見た映画を取り上げている回で『そうなんだ、俺もそう思ったんだよ』ということが書いてあると、膝を打ってしまう。でも、結末は書いてないだろ。だから、読み終わったら、もう一度、その映画を見たくなってしまうんだよ」

つい最近、仕事で訪れた松山市で、名画の上映会運動を続けているメンバーと食事をしたとき、最長老のSさんから掛けられた言葉だ。一見ぶっきらぼうで、とっつきにくいSさんだが、若いころに夢中になったイングマール・ベルイマン監督の話になると、映画少年の顔になる。

編集者からこの本のタイトルを提案されたとき、Sさんの温かい言葉が重なり、即座に決定した。

渥美清さんへの思い

今回の100本を書き始めるときに、大切にしたいと思ったことが二つある。

一つ目は、「今」の視点を忘れない、ということだ。評価が定まった旧作を取り上げるときも、今、見ると、どこが面白いのだろうかという問いを、必ず頭の片隅に置いて見直すようにした。

そのことで、発見できた作品もある。例えば、**ヴィットリオ・デ・シーカ監督**の『**ウンベルトD**』だ。アンドレ・バザン著『映画とは何か』(岩波文庫)の、イタリアンネオレアリズモが生んだ「偉大な作品」「純粋な傑作」という賛辞に刺激され、DVDを見て驚いた。約70年前のイタリアを舞台にした年金暮らしの孤独な老人ウンベルトDの悲劇は、まさに今の日本の高齢者が置かれた状況と重なっているではないか。優れた映画には未来を予言する力があることも実感した。

二つ目は、取り上げる作品の地域の幅を広げることだ。

「見知らぬ国や人々を知ることができて、想像もしたことがないような生活の場所へ連れて行ってくれる。それが、僕にとって、映画の素晴らしさですね。小さな国で撮った、いい映画を見た時は、何日も心がホカホカするように嬉しいですね」

本文の『**放浪の画家ピロスマニ**』の中でも紹介した渥美清さんの言葉だ。映画の現場記者だった1994年の暮れ、『男はつらいよ』第47作『拝啓車寅次郎様』を撮影中の松竹大船撮影所で、渥美さんが語ってくれた言葉は、映画が持つ大きな力を的確に言い当てていると思う。

映画公開本数の絶対的な差や、DVDなどの流通状況もあり、どうしても米国映画が中心になってしまう。だが、今回は、フランス、イギリス、イタリアなど映画の伝統がある国だけでなく、韓国や旧ソ連、イラン、ベトナムなど、幅広い国や地域の作品を取り上げることができた。

フィンランドの**アキ・カウリスマキ**や、韓国の**ポン・ジュノ**ら、大好きな監督たちが近年、立て続けに世界の映画祭で大きな賞を受賞した。彼らの作品を、もっと掘り下げていくと同時に、渥美さんの言葉のように「小さな国の、見知らぬ作家」の作品にも、さらに視野を広げていきたい。

映画の森は広く、豊かで、奥深い。わけいるほどに、そのことを感じる。同じように映画の森を目指す人たちに、この本が道案内として、少しでも役に立てば嬉しい。

10冊目の映画本、500本のコラム

大きな足跡を残した映画人のロングインタビューとコラム、二つの柱で書き続け、この本で10冊目の映画の本となった。最初のコラム集の編集者であり、その後、この本を含め4冊のコラム集を出版してくれた言視舎代表の杉山尚次さんに出会えたことが、全ての始まりだった。コラムの本数も日本映画202本、外国映画300本、計502本になった。杉山さん、ありがとうございます。

今回の本には作品を収録できなかったが、長年コンビを組んでいるイラストレーターのコジマススム君、いつも細やかに原稿をチェックしてくれる共同通信社整理部の早川達郎さん、すぐに易きに流れようとする夫に気合を入れ続けてくれる妻、伊津美に感謝したい。

２０２０年３月

立花珠樹

もう一度見たくなる１００本の映画たち　目次

【１９９０年代】

【2000年代】

【2010年代】

1931年　アメリカ▼監督＝チャールズ・チャップリン

①

『街の灯』
喜劇とは哀愁である。

出演＝チャールズ・チャップリン、バージニア・チェリル、ハリー・マイヤーズほか。

日本語としては少し舌足らずだが、自分では、ある日、頭に浮かんだこのフレーズ「喜劇とは哀愁である」が気に入っている。海外の名画から寅さんまで、優れた喜劇に共通するキーワードは、哀愁だと思うからだ。

チャールズ・チャップリン『街の灯』も、哀愁に彩られた喜劇だ。サイレントからトーキーへ。映画が大転換する時期に、サイレントにこだわり続けたチャップリンが、足かけ4年で撮影・編集した彼の代表作の一本だ。

まず、特筆しておきたいのは、爆笑のボクシング場面。賞金を稼ごうとリングに上った主人公が、レフェリーの背中に隠れながら、相手にパンチを繰り出すシーンは、見るたびに噴き出してしまう。この天才的な動きで、彼は世界の映画ファンの心をとらえたのだ。「チャップリンなんて過去の人」と思っている人には、ぜひ、この抱腹絶倒の場面を見てほしい。

町の広場で記念碑の除幕式が行われている。幕が上がると、女神像の膝で放浪者（チャップリン）が眠っている。大混乱になって逃げ出した彼は街角で花売り娘（バージニア・チェリル）に出会い、盲目の彼女は、彼を金持ちの紳士と思い込む。

※写真出典：ウィキメディア・コモンズ

※

その夜、彼は岸壁で自殺しようとしている酔った富豪（ハリー・マイヤーズ）を助ける。富豪は彼を気に入り、一緒に街に繰り出し大騒ぎする。花売り娘に恋をした彼は、富豪の助けも借りて、娘の前で金持ちの紳士を演じる。彼女が金に困っていることを知ると、工面すると約束をする。

音楽と効果音はあるが、声によるせりふは一切ない。時折挟まれる短い言葉の字幕だけで、物語も登場人物の心理も理解できる。これが、映画の持つ力なのだ。１９２８年から始まったこの映画の撮影中に、世界大恐慌が始まったことを忘れてはならない。優れた映画は、現在を映し出すとともに、予言的な力も持っているのだ。

有名なラストシーンの素晴らしさは、とても短い字数では書ききれない。製作・監督・脚本・作曲・編集・主演を担当したチャップリンの神髄が、このラスト数分にあると言っても過言ではない。

これを知るともっと見たくなる

日本公開時は活弁付き

米ロサンゼルスでの初上映は１９３１年１月。日本では3年後の34年1月に、東京・有楽町の日本劇場で公開された。

ブルーレイの特典映像に、このときのポスターの写真が収められている。ポスターには「説明」として、徳川夢声と山野一郎の名前が書かれている。2人は当時、活動写真と呼ばれたサイレント映画の内容を上映中に解説する活動弁士（活弁）として、活躍していた。

つまり、サイレント時代の日本の観客は、まったくの無声で映画を見ていたわけではなく、活弁の声と共に楽しんでいたのだ。

▶キネマ旬報ベスト・テン（1934年）外国映画10位。ブルーレイが株式会社KADOKAWAから発売。87分。、モノクロ。ブルーレイは3500円＋税

1934年　フランス▼監督＝ジャン・ヴィゴ

②

『アタラント号』
早世した天才監督の遺作

出演＝ディタ・パルロ、ジャン・ダステ、ミシェル・シモンほか。

映画の歴史を振り返る時に、ぜひ取り上げておきたい監督がいる。

1934年に29歳の若さで死去したフランスの監督、ジャン・ヴィゴだ。残したのはわずか4作品。フィルムの合計は3時間にも満たないが、その作品は80年以上たった今でも、名だたる世界の映画監督らの敬愛を集め、映画ファンを魅了し続けている。

彼の唯一の長編劇映画が、セーヌ川を運航する小さな運搬船を舞台にした『アタラント号』だ。

映画は、アタラント号の船長ジャン（ジャン・ダステ）とジュリエット（ディタ・パルロ）の結婚式から始まる。

花嫁の故郷の田舎町で結婚した2人は、楽隊や参列者を連れて行進し、運河に停泊しているアタラント号に到着する。彼らを迎えるのは、「おやじ」と呼ばれる老船員ジュール（ミシェル・シモン）と、若い船員（ルイ・ルフェーブル）。新婚夫婦は、ジュールらと共に船に乗り込み、すぐに次の目的地に向けて出航する。アタラント号が4人の住まいなのだ。

狭い船での共同生活が始まる。熱々の2人を「1日中、キスするか、けんかしおって」とジュールはぼやく。だが、岸しか見えない単調な生活に退屈したジュリエットが、船のラジオでパリの放送を

※4K修復版のブルーレイ、DVDがアイ・ヴィー・シーから発売。88分。モノクロ。ブルーレイは4800円＋税、DVDは3800円＋税

※聞いたことから、ドラマが始まっていく……。

美しい映像、スピーディーな展開、ユーモア。古びた感じはまったくない。

「水の中で目を開けると、好きな人が見えるのよ」。けんかして陸に置き去りにした妻の言葉を思い出した夫が、水中に飛び込み、花嫁衣装の妻を見るシーン。ジュールが、死んだ友人の手など奇っ怪なコレクションを置いた自分の部屋で、全身に彫った落書きのような入れ墨をジュリエットに自慢するシーン。はっとするエロチックなシーンも含め、実験的な精神を感じさせる名場面も多い。見終わった時に強く心に残るのは、生きる喜びが全編にあふれていることだ。

胸を病んでいたヴィゴ監督は、この作品を撮り終えた後、病状が悪化し世を去った。だからこそ、『アタラント号』は、より深い、生の賛歌となっているのだろう。

これを知るともっと見たくなる　呪われた映画作家

ジャン・ヴィゴの父親はアナキストの活動家で、ヴィゴが12歳の時に、獄中で謎の死を遂げた。その後、ヴィゴは非人間的な寄宿学校生活を強いられ、それが3作目の中編『**新学期　操行ゼロ**』のテーマになった。だが、この作品は、その反逆性ゆえに、上映禁止処分になり、解除されたのは1946年だった。『アタラント号』も、完成時に配給会社が勝手に編集して公開し、興行的にも失敗するという散々な目に遭った。こうしたことから「呪われた映画作家」と呼ばれたヴィゴだが、死後にようやく評価され、フランスでは51年には若い前衛的な映画作家に贈るジャン・ヴィゴ賞が創設され、現在に至っている。

▶2017年に4K修復版が完成し、カンヌ国際映画祭で上映された。

1939年　フランス▼監督＝ジャン・ルノワール　③

『ゲームの規則』

上映禁止された陽気な悲劇

出演＝マルセル・ダリオ、ジャン・ルノワール、ノラ・グレゴールほか。

印象派の画家オーギュスト・ルノワールの次男、ジャン・ルノワールは、ルネ・クレールらと並び、戦前から活躍したフランス映画の名監督だ。第1次大戦中の捕虜収容所が舞台の『大いなる幻影』などで、日本のファンの心もつかんできた。

『ゲームの規則』は、彼の最高傑作といわれる作品だ。だが、1939年の公開時には、退廃的で風紀を乱すとして、フランス国内で上映禁止になった。再評価されたのは50年代後半で、日本公開は82年だった。

大西洋横断飛行に成功した飛行家ジュリュー（ローラン・トゥータン）は、愛人のクリスティーヌ（ノラ・グレゴール）が迎えに来なかったことに落胆する。

2人の共通の友人オクターヴ（監督自らが出演）は、クリスティーヌの夫シュネイ侯爵（マルセル・ダリオ）に頼み、領地で開かれる狩猟の集まりに、ジュリューと一緒に参加できるようにする。

猟場のある屋敷に大勢の招待客が集まり、クリスティーヌをめぐる複数の男たちとの恋愛ゲームが始まる。さらに、クリスティーヌの小間使いと、夫、愛人の三角関係も重なり、大混乱になる。

初めて見た時は、登場人物が多すぎて、物語をうまくつかめなかった。だが、2度、3度見るうちに、

※ブルーレイ、ＤＶＤがアイ・ヴィー・シーから発売。105分。モノクロ。ブルーレイは4800円＋税、ＤＶＤは3800円＋税

※

映画の魅力に引き込まれた。それは、作品の中に、途方もなくぜいたくなものが凝縮されているせいだろう。破格の製作費をつぎ込み、最新の撮影技術を駆使して完成した作品には、見るたびに新たな発見がある。難しい理屈と関係なく、面白い映画なのだ。

だが、表面的には、実は時代に対する冷めた視線が潜んでいる。例えば、上流階級のモラルの乱れを描いた「陽気な悲劇」には、オクターヴは「現代の特徴」をこう評する。「誰もがうそをつく。広告も政府もラジオもそして新聞もね。僕たち個人もうそをつくだろ」

時代に対するこうした批判精神が、第2次大戦直前の熱狂的な空気に断罪されたのではないだろうか。そういえば、戦時中の日本では、郭(くるわ)を舞台にした落語は禁演になった。古今東西、色恋や自由な表現が敵視される時代はろくなことはない。

これを知るともっと見たくなる

失意のまま米国へ

『ゲームの規則』が上映禁止になり、失意のルノワールは母国を離れた。1940年にナチス・ドイツがフランスに侵攻すると米国に逃れ、ハリウッドで**『自由への闘い』**などの作品を撮った。

彼が次にフランスで映画を撮ったのは、54年の**『フレンチ・カンカン』**だ。だが、生活の拠点は米国から変えず、79年にビバリーヒルズの自宅で死去した。84歳だった。

英国映画協会が2012年に発表した「批評家が選ぶ史上最高の映画」で、『ゲームの規則』は**『めまい』『市民ケーン』『東京物語』**に次ぐ4位に選ばれている。

1941年　アメリカ▼監督＝オーソン・ウェルズ　④

『市民ケーン』映画の伝説がここにある

出演＝オーソン・ウェルズ、ジョセフ・コットン、ドロシー・カミンゴアほか。

『市民ケーン』を監督、主演したオーソン・ウェルズは、とてつもない才能の持ち主だった。名をとどろかせたのは、1938年10月。ラジオの放送劇で、火星人襲来の〝臨時ニュース〟を流し、真に受けた聴取者がパニックになったという出来事だった。

『市民ケーン』は、彼が25歳で撮った初めての商業映画。映画史上、最高傑作の一本と評価されている。どこが素晴らしいのか？　脚本、映像、演出など、さまざまな面から分析されているが、まず、難しいことは考えずに見てほしい。主人公の波乱に満ちた人生が、約80年後の今でも、いきいきと伝わってくるはずだ。

映画は、米国の新聞王、チャールズ・フォスター・ケーン（ウェルズ）の死と、それを伝えるニュース映画で始まる。

数多くの新聞社を所有し、政界への進出も企図したケーンだったが、スキャンダルを暴かれ挫折。死亡したときは、二度目の妻にも去られ、巨大な城のような建物で孤独に暮らしていた。

さまざまな顔を持つケーンとは、本当はどんな人間だったのか？　社命を受けた新聞記者トンプソン（ウィリアム・アランド）は取材を開始する。手がかりは、ケーンが死の直前に残した謎の言葉

※写真出典：ウィキメディア・コモンズ

※「ｒｏｓｅｂｕｄ」（バラのつぼみ）だった。

いくつもの劇的な出会いや別れが描かれる。莫大な富を手にしても、心の底には幼いころ両親と別れた喪失感があり、独特の愛情表現は他人に理解されない。そんな主人公の悲しみが胸を打つ。

モデルとした実在の新聞王がおり、その系列メディアの攻撃を受けたことや、ウェルズ自身のその後の人生が、ケーンと同じように、すべてを得ながらそれを失っていくようにも見えることなど、映画の伝説を彩るエピソードも多い。

「私にはオーソンが見放された王に見えた。この世には彼に見合う王国がないの」。ドキュメンタリー映画『映像の魔術師　オーソン・ウェルズ』の中で、ジャンヌ・モローが語る言葉が、ウェルズとケーンを貫く孤独を言い当てている。

これを知るともっと見たくなる

日本公開は25年後

『市民ケーン』が米ニューヨークで初公開されたのは、１９４１年の5月1日。戦争中で公開できなかった日本で、初公開されたのは25年後の１９６６年になった。66年度のキネマ旬報ベスト・テン（外国映画）では、インドのサタジット・レイ監督『**大地のうた**』に次ぐ2位に選出されている。

世界的な評価は高く、英国映画協会が10年ごとに発表する「批評家が選ぶ最も優れた映画」では、62年から２００２年まで5回連続1位に選ばれている。12年は2位。1位は『**めまい**』だった。

▶米アカデミー賞脚本賞受賞。キネマ旬報ベスト・テン（1966年）外国映画２位。ブルーレイ、ＤＶＤがアイ・ヴィー・シーから発売中。119分。モノクロ。ブルーレイは4800円＋税、ＤＶＤは3800円＋税

1948年　イタリア▼監督＝ヴィットリオ・デ・シーカ　⑤

『自転車泥棒』
父と息子の永遠の物語

出演＝ランベルト・マジョラーニ、エンツォ・スタヨーラ、リアネッラ・カレルほか。

ヴィットリオ・デ・シーカ監督『自転車泥棒』は、不朽の名作という賛辞にふさわしい作品だ。父と幼い息子が盗まれた自転車を捜す。ただ、それだけの話なのに、人生の深淵をのぞいたような気持ちになる。おまけに、主役の父子をはじめ出演者のほとんどが、まったく演技経験がないというのだから驚く。まさに、イタリアのネオレアリズモが生んだ奇跡の一本と言えるだろう。

第2次世界大戦で敗戦国となったイタリア。戦後のローマには、失業者があふれている。主人公のアントニオ（ランベルト・マジョラーニ）も、その一人だ。

アントニオはある日、職業安定所から市役所のポスター貼りの仕事をあっせんされる。条件は、自転車があることだ。自分の自転車を質に入れていたアントニオは、妻のマリア（リアネッラ・カレル）に相談。妻がベッドのシーツを質に入れて、自転車を請け出す。

翌朝、アントニオは自転車に乗り「2年ぶりの仕事」に張り切って出掛ける。妻も幼い息子のブルーノ（エンツォ・スタヨーラ）も笑顔だ。だが、ポスター貼りを始めたとたん、そばに止めていた自転車を乗り逃げされてしまう。必死で犯人の若い男を追い掛けるが見失い、警察に行っても取り合ってもらえない……。

※写真出典：ウィキメディア・コモンズ

※

それからは、まるで、現実に起きている出来事をライブで見ているような感じになる。

自力で自転車を捜そうとするアントニオは、ブルーノを連れて街を歩く。自転車市をチェックし、占いにもすがる。必死で捜索を続ける父子の姿を通して、当時のローマの厳しい現実が見えてくる。貧しい人々が生き延びるために、同じように貧しい人々を傷つけてしまっているのだ。

結局、幼い息子は、憧れの存在だった父親がみじめな行動をするのを目撃してしまう。実はそこから、物語はどのようにも進めることができたはずだが、デ・シーカ監督は、父子にそっと手をつながせる結末を選んだ。その温かさが、この映画に時を超える力を与えている。――それにしても、幼い少年は何と早く、生きることのつらさを知ってしまったのだろう。

これを知るともっと見たくなる　ネオレアリズモ

第2次世界大戦後のイタリアでは、『自転車泥棒』のように、過酷な現実を直視した作品が次々に誕生し、ネオレアリズモ（新現実主義）映画として、世界で脚光を浴びることになった。

これらの作品では、『自転車泥棒』と同じく、ロケーション撮影を多用し、プロの俳優ではない素人を起用することも多かった。その結果、あたかもドキュメンタリーのような迫真力が生まれることになった。

ほかの代表作には、ロベルト・ロッセリーニ監督『**無防備都市**』『**戦火のかなた**』、ヴィットリオ・デ・シーカ監督の『**靴みがき**』などがある。

▶米アカデミー賞外国語映画賞受賞。キネマ旬報ベスト・テン（1950年）外国映画1位。ブルーレイ、DVDがアイ・ヴィー・シーから発売。88分。モノクロ。ブルーレイは3800円＋税、DVDは2200円＋税

1951年　アメリカ▼監督＝エリア・カザン　⑥

『欲望という名の電車』

渾身の演技に心が震える

出演＝ヴィヴィアン・リー、マーロン・ブランド、キム・ハンターほか。

エリア・カザン監督『欲望という名の電車』は、全てを失い、心が壊れていく女性の物語だ。米南部、ミシシッピ川河口に位置する港湾都市ニューオーリンズ。列車が白い蒸気を吐きながら駅に到着し、降り立った乗客の中に一人の女性がいる。主人公のブランチ（ヴィヴィアン・リー）だ。彼女は、通りすがりの水兵に尋ねる。「〝欲望〟という電車に乗って〝墓地〟に乗り換え、エリジアン・フィールド（極楽）で降りるのだけど」

ニューオーリンズには実際に「欲望」や「墓地」という系統の電車が走っていたことがあるらしいが、まるで映画の内容を暗示するような、強烈なインパクトがあるせりふだ。いきなり、心をわしづかみにされてしまう。

水兵に教えられた電車に乗り、ブランチがたどり着いたのは、地名とは大違いの貧しい地区にある、妹のステラ（キム・ハンター）夫婦の家だ。

大地主の家に生まれ、娘時代は評判の美女だったブランチは、財産を失い、不品行のうわさで高校教師の職も失い、妹を頼ってきたのだ。だが、気位が高く、真実を告白することができない。

ステラの夫のスタンリー（マーロン・ブランド）は、兵隊から帰って工場で働いている。ハンサム

※写真出典：ウィキメディア・コモンズ

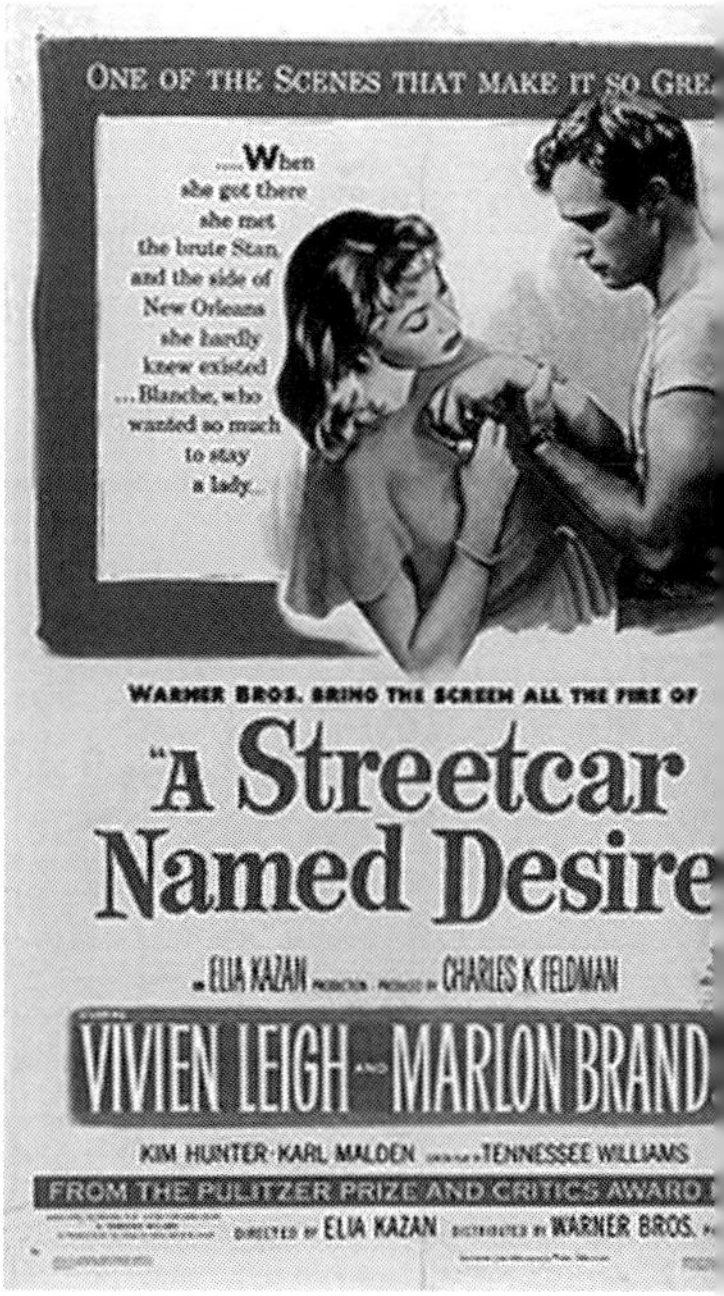

※でセクシーだが、暴力的で粗野な男だ。お高くとまったブランチに反発する彼は、彼女の過去を暴き出し、追い詰める。

何といっても、ヴィヴィアン・リーの渾身の演技がすごい。『風と共に去りぬ』のスカーレット・オハラ、『哀愁』の悲劇のバレリーナで人気を集めた美人女優が、『欲望と―』では、孤独な女性の悲しみと狂気を演じ切った。美しく撮られたいという気持ちをかなぐり捨てたように、老いの恐怖や性的な欲望もリアルに表現した女優魂は、心が震えるほど感動的だった。

テネシー・ウィリアムズの同名戯曲の映画化。ニューヨークのブロードウェーでの舞台を演出したカザンが監督。舞台の当たり役を演じたブランドは、世界にその名を知られることとなった。冒頭の場面を含め、ニューオーリンズの街の熱気を映像化したカザン監督の演出も見事だった。

これを知るともっと見たくなる
ヴィヴィアン・リー

1913～67年。映画史上最高の美女ともたたえられる英国の女優。舞台で活躍していたが、『風と共に去りぬ』（39年）のヒロイン、スカーレット・オハラ役で米アカデミー賞主演女優賞を受賞。銀幕の大スターとなった。『欲望という名の電車』では、ロンドンの舞台に続きブランチを演じ、2度目のオスカーに輝いた。

華やかな経歴の一方で、精神的な病に悩み、不倫の恋を超えて結ばれたローレンス・オリヴィエと60年に離婚。その7年後、53歳で孤独のうちに死去した。精神のバランスを失っていくブランチの姿には、現実のリーがどこか重なってしまう。

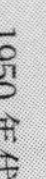

▶米アカデミー賞で主演女優賞、助演男優賞、助演女優賞など４部門で受賞。ベネチア国際映画祭で女優賞などを受賞。「オリジナル・ディレクターズカット」のDVDがワーナー・ブラザース　ホームエンターテイメントから発売。122分。モノクロ。DVDは1429円＋税

1952年　イタリア▼監督＝ヴィットリオ・デ・シーカ

⑦

『ウンベルトD』
今見るべき「純粋な傑作」

出演＝カルロ・バッティスティ、マリア・ピア・カジリオ、リーナ・ジェンナーリほか。

『自転車泥棒』や『ひまわり』のヴィットリオ・デ・シーカ監督に、年金で暮らす孤独な老人を主人公にした『ウンベルトＤ』という傑作があることを、ご存じだろうか。「ヌーベルバーグの精神的父親」と称されるフランスの映画批評家アンドレ・バザンが著書で「偉大な作品」「純粋な傑作」と絶賛した作品だ。

日本では、高度経済成長期の１９６２年に、イタリア公開から10年遅れで公開されたが、ヒットしなかった。だが、超高齢社会に突入し、老後破綻などという言葉が躍る現在、この映画の主人公の悲劇は、やがて到来する日本の高齢者の運命を予言しているように感じられる。

第２次大戦後のローマ。インフレで生活苦に陥った老人たちが、年金の引き上げを求めてデモをしている。30年間、公務員として働き、定年退職したウンベルト・Ｄ・フェラーリも愛犬フライクとともにデモに参加した。

「子どもも兄弟もいない。役立たずの孤独な老人」という彼は、家賃を滞納し、大家の女性から20年暮らしてきた部屋を退去するよう迫られている。大家の召し使いのマリアは親切だが、彼女自身も未婚の母になる心配を抱えている。心の支えはフライクだけだ。

※ブルーレイ、ＤＶＤがアイ・ヴィー・シーから発売。89分。モノクロ。ブルーレイは2500円＋税、ＤＶＤは1500円＋税

※

お先真っ暗とはこういう状況を指すのだろう。懐中時計や蔵書を売っても家賃は払えず、昔の上司も助けてくれない。重い病気か、と救急車を呼び入院しても、風邪と診断され退院させられる。

つらい映画だが、絶望的で救いがない場面ばかりが続くわけではない。ウンベルトの偏屈さやずるさもユーモラスに描かれているし、何といっても「知的な目をした白に茶のぶちの犬」フライクがかわいい。

はらはらしながら最後まで見て、ウンベルトとフライクはこの後どうして生きていくのだろうと、考えた。ラストシーンの、その先の〝現実〟を、こんなにリアルに感じさせる映画は珍しい。2016年のケン・ローチ監督『わたしは、ダニエル・ブレイク』などと並び、老いの実相と生きることの尊厳を描いた優れた映画だ。

これを知るともっと見たくなる
主演は言語学者

ヴィットリオ・デ・シーカ監督らが中心となったイタリアのネオレアリズモ（新現実主義）映画の一つの特徴は、プロの俳優でなく素人を起用したことだ。

この映画でも、多くの出演者が素人で、主役のウンベルトを演じたのは、映画初出演の大学教授カルロ・バッティスティだった。バッティスティはイタリア言語学界の権威で、これがただ一度の俳優体験となった。

ウンベルトはデ・シーカ監督の父親の名前でもあり、映画の冒頭には「この映画を父親にささげる」という監督の献辞が出る。

▶キネマ旬報ベスト・テン（1962年）外国映画7位。

1955年　イギリス▼監督＝アレクサンダー・マッケンドリック　⑧

『マダムと泥棒』
英国流の毒のある喜劇

出演＝アレック・ギネス、ケティ・ジョンソン、ピーター・セラーズほか。

笑いには、地域性や国民性の違いがくっきり反映する。時代や国境を超えて、観客を笑わせるのはとても難しい。

アレクサンダー・マッケンドリック監督『マダムと泥棒』は、製作から半世紀以上たっても、そうした力を失わない英国喜劇映画の傑作だ。

舞台になるのは、『ハリー・ポッター』シリーズでもおなじみの、ロンドンのキングス・クロス駅付近。一軒家で1人暮らしをしているおばあちゃん、ウィルバーフォース（ケティ・ジョンソン）の元に、マーカス教授と名乗る男（アレック・ギネス）が現れる。

彼は、仲間と組んでいる弦楽五重奏団の練習場所として、おばあちゃんの家の2階を借りたいと言う。話がまとまり、翌日には、五重奏団のメンバーたちもやってくる。

実は、この5人は、現金輸送車からの強奪をたくらむ強盗団だった……。

細部に至るまで綿密な計算がなされているのに感嘆する。例えば冒頭で、おばあちゃんが、友人が見たＵＦＯのことで警察署に相談に行き、帰りがけに傘を忘れるエピソードがある。この何げない短い場面が、ラストの伏線になっている。

展開も速い。始まって約30分で、スリリングな現金強奪に成功する。それからの1時間は、大金を手にした5人が、なぜか、おばあちゃんの家から抜け出せなくなり、邪魔なおばあちゃんを殺そうとすると自分たちが次々に命を落とすという、いかにも英国流の毒のある喜劇が展開される。

ジョンソンは、まさにはまり役。何が起きても普段と同じように真面目に振る舞い、疲れると眠る。そんなおばあちゃんを、演技と感じさせないほど自然に演じている。

もちろん、笑いの原動力は、ギネスをはじめ、ピーター・セラーズら、悪党を演じる5人の個性的な名優たちだ。じたばたしているうちに自滅していく滑稽さを、ボケとツッコミを自在に織り交ぜながら見せてくれる。ラスト近くで、ギネスが信号機に頭を直撃される場面は、何度見ても爆笑してしまう。

原題は『レディ・キラーズ』。2004年にコーエン兄弟がリメークした。

これを知るともっと見たくなる

アレック・ギネス

1914〜2000年。『**戦場にかける橋**』(デビッド・リーン監督)の英軍大佐役で米アカデミー賞主演男優賞を受賞。1980年の第52回アカデミー賞では名誉賞も受賞した名優。

ほかの主な作品に『**アラビアのロレンス**』『**ドクトル・ジバゴ**』『**スター・ウォーズ**』など。

『マダムと泥棒』は、ロンドンのイーリング撮影所で撮られ、40〜50年代に全盛だった「イーリング喜劇」を代表する作品。ギネスのこの系譜の作品では、一人八役(!)を演じた『**カインド・ハート**』などがある。

▶現在DVDの発売はなし。91分。カラー

1955年　アメリカ▼監督＝エリア・カザン　⑨

『エデンの東』
彗星のごとく現れ、消えた

出演＝ジェームズ・ディーン、ジュリー・ハリス、レイモンド・マッセイほか。

ジェームズ・ディーンは、世界の映画史に残る伝説的な俳優だ。無名の青年だった彼は、主役に抜てきされた『エデンの東』（１９５５年３月、米ニューヨークで初公開）でたちまちスターになった。立て続けに『理由なき反抗』で主演、『ジャイアンツ』で準主役を演じるが、『ジャイアンツ』の撮影終了直後の同年９月30日に、交通事故で24歳の若さで亡くなった。

まさに彗星のごとく現れ、こつぜんと消えた、永遠の青春スターだ。

何十年かぶりに、ディーンの出演作３本を続けて見た。父子の葛藤を描きドラマとして完成度が高い『エデンの東』。天文台や度胸試しの〝チキンレース〟など印象的な場面が多く、アイドル的な魅力が最も楽しめる『理由なき反抗』。エリザベス・テーラーと共演し、新境地への意欲を感じさせた大作『ジャイアンツ』。

昔、名画座で見たときは、銀幕の中のディーンと同年齢だったこちらは、すっかり年を取ってしまったが、ディーンはもちろんあのころのまま。３作に共通する反抗的だが純粋な青年像は、彼が演じたからこそ、あれほど輝いて見えたのだと改めて実感した。

※写真出典：ウィキメディア・コモンズ

※『エデンの東』は、旧約聖書のカインとアベルの物語を下敷きにしたジョン・スタインベックの長編小説が原作。1917年の米カリフォルニア州を舞台に、農場を営む父と双子の息子の悲劇を描く。

信心深い父親（レイモンド・マッセイ）は優等生の息子アロン（リチャード・ダヴァロス）を溺愛し、反抗的な弟のキャル（ディーン）には厳しく当たる。キャルは、「死んだ」と聞かされていた母親（ジョー・ヴァン・フリート）が、近くの港町で暮らしていることを突き止めるが……。

監督は、『欲望という名の電車』でマーロン・ブランドを発掘した名匠、エリア・カザン。米国の第1次世界大戦への参戦という時代背景の中で、父親への愛を受け入れてもらえない若者の悲しみを鮮烈に描いた。

貨物列車の屋根に乗ったキャル、上目遣いの独特の表情と甘い笑顔、緑のレタス畑。いつまでも心に残る映像がある。

これを知るともっと見たくなる
若者たちに大きな影響力

白いTシャツの上に赤いナイロン製の防寒用スポーツジャケットを羽織り、下はジーンズ。**『理由なき反抗』**のジェームズ・ディーンの衣装は、若者たちのファッションのお手本になった。

そんな彼のインタビュー映像が、『理由なき反抗』のDVDに特典として収録されている。カーレーサーとしても活躍していた彼は「レース場より、公道での高速運転のほうが危険」と、若者に注意を呼びかけている。

彼が死亡したのは、レースに向かう途中の州道での事故だった。何と皮肉で悲しいことだろう。

▶米アカデミー賞で助演女優賞（ジョー・ヴァン・フリート）受賞。キネマ旬報ベスト・テン外国映画1位。ブルーレイ、ＤＶＤがワーナー・ブラザース　ホームエンターテイメントから発売。118分。カラー。ブルーレイは2381円＋税、ＤＶＤは1429円＋税

1956年　アメリカ▼監督＝アルフレッド・ヒッチコック　⑩

『知りすぎていた男』
プロの技を満喫できる

出演＝ジェームズ・スチュアート、ドリス・デイ、ダニエル・ジェランほか。

忙しい日々が続くと、映画で息抜きしたい気分になる。そんな時ぴったりな一本が、アルフレッド・ヒッチコック監督『知りすぎていた男』だ。

〝サスペンスの神〟と呼ばれた巨匠が、1934年の自作『暗殺者の家』をリメーク。「オリジナルはアマチュアの傑作で、これはプロの傑作だ」と自賛していたことが、DVDの特典映像で明かされている。その言葉にふさわしい、安心して楽しめる娯楽映画だ。

米国人の医師ベン・マッケナ（ジェームズ・スチュアート）は、元ミュージカルスターの妻ジョー（ドリス・デイ）と7歳の息子ハンク（クリストファー・オルセン）と一緒にモロッコを旅行中だ。一家は、移動中のバスでトラブルに遭うが、フランス人の青年ベルナール（ダニエル・ジェラン）に助けられる。

翌日、市街地を観光していた一家の近くで、モロッコ人に変装していたベルナールが、ナイフで背中を刺される。瀕死の彼はベンを見つけて近づき、耳元で「政治家がロンドンで暗殺される」とつぶやき、さらに謎の言葉を残して死ぬ。その直後にハンクが誘拐され、ベンの元に犯人から口止めを迫る電話がかかる。

※写真出典：ウィキメディア・コモンズ

※

どうやらベルナールはスパイで、某国要人の暗殺計画をかぎつけたために殺されたらしい……。

謎解き的な楽しみはもちろんあるが、ヒッチコック作品の大きな魅力は『北北西に進路を取れ』の小型飛行機に襲われる場面や、『サイコ』の恐怖のシャワー場面など、強烈なインパクトを持つ映像だ。この映画にも、それがある。オーケストラのシンバルの一打だ。冒頭からそれを予告し、途中でも、この一打が何を意味するか、観客に説明した上で、ラストの見せ場に持っていく。劇中でデイが歌う主題歌「ケ・セラ・セラ」は事件解決の場面でも効果的に使われ、音楽が映画のキーワードであることを強調している。まさに、プロの技を満喫できる作りだ。

『北北西に――』と同じく〝巻き込まれ型〟のサスペンスだが、ユーモラスな場面も多い。『裏窓』など、ヒッチコック作品の常連、スチュアートが、家族のために闘う誠実な男性を好演している。

これを知るともっと見たくなる ケ・セラ・セラ

『知りすぎていた男』の日本公開は１９５６年7月。その年末のＮＨＫ紅白歌合戦で、ペギー葉山が日本語訳の「ケ・セラ・セラ」を歌っている。「なるようになるわ」という歌詞を、当時7歳だった自分でも覚えているほど大ヒットした。

歌ったドリス・デイは22年生まれ。10代で歌手デビュー。20代半ばで映画デビューし、女優としても映画、テレビで活躍した。『知りすぎていた男』は、初めてのヒッチコック作品。ほかの映画作品に『**カラミティ・ジェーン**』（デイビッド・バトラー監督）などがある。

▶米アカデミー賞歌曲賞受賞。ブルーレイ、ＤＶＤが、ＮＢＣユニバーサル・エンターテイメントから発売中。120分。カラー。ブルーレイは1886円＋税、ＤＶＤは1429円＋税

1957年　スウェーデン▼監督＝イングマール・ベルイマン　⑪

『野いちご』老いて、人生の意味を問う

出演＝ヴィクトル・シェストレム、ビビ・アンデショーン、イングリッド・チューリンほか。

スウェーデンの巨匠、イングマール・ベルイマン監督の『野いちご』は、老いた医師の「特別な1日」を通して、人生の意味を問うた作品だ。

映画が作られたのは、約60年前の１９５７年だが、超高齢社会に突入した現在の日本で、多くの人の共感を得そうなテーマを扱っている。もしかしたら〝今が旬の映画〟と言えるのかもしれない。

イーサク（ヴィクトル・シェストレム）は78歳。人付き合いが嫌で友人を持たなかった彼は、妻を早く亡くし、40年間仕える住み込みの家政婦アグダ（ジュリアン・キンダール）と、ストックホルムで暮らしている。

医学の研究に生涯をささげてきた彼は、その功績で大学から名誉博士の称号を受けることになる。だが、式典の日の早朝、悪夢で目を覚まし、飛行機の予定を変更、自分で車を運転して、大学のある地方都市に向かう。

その旅に息子の妻（イングリッド・チューリン）が同行、さらにヒッチハイクの若い女性（ビビ・アンデショーン）やその友人の2人の青年などが加わり、物語は進む。このロードムービーでは、現実の出来事に、過去を振り返る回想や、奇妙な夢が入り交じり、その結果、イーサクの悔恨や孤独が

※写真出典：ウィキメディア・コモンズ

※

浮き彫りになっていく。

夢の映像が圧倒的だ。無人の街、針のない時計、不条理な試験……。シュールレアリスム的な感覚が漂う映像から、不吉な死の予感や幼年期の甘美な記憶、裏切られた屈辱感などが伝わってくる。

だが、この映画が今も心に響くのは、そうした観念的な部分だけではない。

「年寄りの男はわがまま放題」「家政婦という名の暴君」と、ののしりあうアグダとイーサクが、気持ちを通じ合わせるユーモラスな場面をはじめ、イーサクが心を開き他者を受け入れる過程を、優しく描いているところに、大きな魅力がある。

当時30代後半だったベルイマンが、自ら脚本も書いている。人生を振り返り、生と死の深淵をのぞき込む老人を、これほど見事に造形できた才能には、ただ驚嘆するばかりだ。

これを知るともっと見たくなる　甘酸っぱい思い出

イーサクは旅の途中、20歳になる前は毎夏、家族や親族と過ごしていた別荘に立ち寄る。今は人手に渡っている別荘の庭で、野いちごを見つけたイーサクは、ある夏の出来事を思い出す。彼が思いを寄せていた、いとこのカーラが野いちごをつんでいると、イーサクの弟のシーグフリドがカーラに言い寄る。そして、カーラはまじめで優しいイーサクより、乱暴なシーグフリドにひかれていく。甘酸っぱい青春の思い出を、野いちごが呼び覚ます。タイトルは、ここに由来している。

▶ベルリン国際映画祭金熊賞などを受賞。キネマ旬報ベスト・テン外国映画（1962年）1位。DVDが、キングレコードから販売。91分。モノクロ。DVDは3800円＋税

1958年　フランス▼監督＝ジャック・タチ　⑫

『ぼくの伯父さん』
心がほんわか温まる

出演＝ジャック・タチ、アラン・ベクール、ジャンピエール・ゾラほか。

映画は映画館で見るのが好きだし、収集癖があるわけでもない。でも、たまに、この映画のソフトは手元に置いておきたいなと思う作品がある。

ジャック・タチ監督、主演の『ぼくの伯父さん』も、その一本だ。

ほとんどせりふがないユニークな映画。映画評論家の故双葉十三郎さんの言葉を借りれば「出たとこ勝負のスケッチ集みたいな感じで、一つ一つの画面の楽しさがすべてを決定している」（『外国映画ぼくの500本』〔文春新書〕）作品だ。初めは戸惑うかもしれないが、見ているうちに心がほんわかと温まってきて、忘れられなくなる魅力を持っている。

ジェラール少年（アラン・ベクール）は、プラスチック工場の社長である父（ジャンピエール・ゾラ）、母（アドリアンヌ・セルバンティ）と、パリで3人暮らし。門扉の開閉から台所の調理器具まで、あらゆるものが自動化されている超モダンな家に住んでいる。

ある日、帽子とコート姿でパイプをくわえ、つんつるてんのズボンをはき、独特の前のめりの歩き方をするのっぽの男性が、家にやってくる。ジェラールが大好きな、母親の兄であるユロ伯父さん（タチ）だ。

定職につかず、下町の古いアパートで1人暮らしをしている伯父さんを心配した母親は、父親に頼んで、工場に就職させる。さらに、結婚相手も世話しようとする。

だが、のんきで、子どもや犬とはすぐ仲良しになるが、てきぱき能率的に行動することは苦手な伯父さんは、仕事場でも全自動の家でも、へまばかりしてしまう……。

爆笑を誘うという映画ではない。でも、例えば、悪童たちが口笛を吹いて通行人の気を引き、柱にぶつからせるいたずらなどをはじめ、思わず頬がゆるんでしまうような場面がいくつもある。

チャールズ・チャップリン監督『モダン・タイムス』に通じる物質文明への批判も読み取れるが、主張を大上段に振りかざすのではなく、ドジな伯父さんを見守る、さりげない優しさが特長だ。

英国の『ミスター・ビーン』に受け継がれていく愛すべきキャラクター、ユロ伯父さん。きっと、ユロのような人が僕らのそばにもいるはずだ。

これを知るともっと見たくなる　ジャック・タチ

1907〜82年。フランスの映画監督、俳優。パントマイムの人気俳優から映画監督に進出。せりふがほとんどなく、文明批評を内包する詩的でユーモラスな作品で知られる。

生涯で完成した長編作品はわずか5本だが、長編第1作『**のんき大将　脱線の巻**』の郵便配達人や、『**ぼくの伯父さんの休暇**』『ぼくの伯父さん』『**プレイタイム**』『**トラフィック**』のユロ氏など、自ら演じた主人公は、今も世界中の映画ファンに愛される人気キャラクターとして、生き続けている。

▶カンヌ国際映画祭審査員特別賞、米アカデミー賞外国語映画賞などを受賞。キネマ旬報ベスト・テン外国映画２位。ブルーレイ、ＤＶＤが日本コロムビアより発売。116分。カラー。ブルーレイは4700円＋税、ＤＶＤは3800円＋税

1959年　アメリカ▼監督＝ビリー・ワイルダー　⑬

『お熱いのがお好き』

快調な出だし、名せりふも

出演＝マリリン・モンロー、トニー・カーチス、ジャック・レモンほか。

ビリー・ワイルダー監督『お熱いのがお好き』は、映画史上に輝く傑作喜劇映画だ。何度も見てきたが、今回見直して、スピーディーな出だしに、あらためて感心した。

禁酒法施行時代（1920～33年）の米シカゴ。サックス奏者のジョー（トニー・カーチス）と、ベース奏者のジェリー（ジャック・レモン）は、ギャングのメンバーが対立グループを銃で虐殺する現場を目撃する。

ギャングたちに顔を見られた2人は、欠員を緊急募集している女性楽団があったため、女性と偽って楽団に潜り込み、身を隠そうとする。

フロリダへ演奏旅行に向かう楽団に合流するため、かつらを着け女装してシカゴ駅に駆け付けた2人は、楽団の歌手でウクレレ奏者のシュガー・ケーン（マリリン・モンロー）というセクシーな女性と出会う……。

ここまで約25分。この間、どれだけたくさんの出来事が起きるのか、とても書ききれない。言葉に比べ、映像が持つ情報量がいかに膨大かがよくわかる。名匠ワイルダーの技が凝縮されている。

中盤以降は、女装したジェリーに一目ぼれするフロリダの大富豪（ジョー・E・ブラウン）とギャ

※写真出典：ウィキメディア・コモンズ

※
ングらが加わり、ドタバタ喜劇を繰り広げる。

堅苦しい理屈はいらない。寝台車での酒盛り、ジェリーと大富豪の抱腹絶倒のダンス、石油会社の御曹司に化けたジョーとシュガーのロマンス。笑いに満ちた名場面が、ラストの有名なせりふ——男であることをばらし、求婚を断ろうとするジェリーに対し、大富豪は平然と「完全な人はいない」と言う——

まで、ノンストップで続いていく。
女装したレモンが、コメディアンとしての才能を全面的に発揮している。そして、もちろん、モンローが抜群にかわいい。胸がこぼれんばかりの露出度の高いドレスでセクシーな歌声を披露し、男性たちを魅了するシュガーは、実は男にすぐだまされ、アルコールに救いを求める弱い心の持ち主でもある。そんなシュガーが、〝20世紀のセックスシンボル〟と呼ばれたモンロー自身のイメージと重なっているのは、言うまでもない。

これを知るともっと見たくなる 日本では低評価？

『お熱いのがお好き』は米アカデミー賞では、監督賞、主演男優賞など6部門でノミネートされたが、受賞は衣装デザイン賞だけだった。作品賞など11部門を受賞した『ベン・ハー』に監督賞、主演男優賞とも敗れた。

この作品は、２０００年にアメリカン・フィルム・インスティチュートが選出した「アメリカ喜劇映画ベスト１００」で1位になるなど、欧米では一貫して高い評価を受けている。だが、公開時のキネマ旬報ベスト・テンは、外国映画29位。（1位は『**十二人の怒れる男**』）。日本では、喜劇映画が低く見られていたということだろうか。

▶米アカデミー賞衣装デザイン賞受賞。ブルーレイ、ＤＶＤが20世紀フォックス　ホームエンターテイメント　ジャパンから販売。122分。モノクロ。

『荒野の七人』

こちらも負けずに面白い

出演＝ユル・ブリナー、スティーブ・マックイーン、チャールズ・ブロンソンほか。

ジョン・スタージェス監督『荒野の七人』は、黒沢明監督の大傑作『七人の侍』のリメークだ。したがって、どうしても、オリジナルと比較されることになり、損をしている。1961年の日本公開時、キネマ旬報のベスト・テンでは外国映画の29位だったことが、それを象徴しているだろう。本当に、その程度の映画なのだろうか？　確かめたくて、久しぶりにきちんと見直してみた。

答えは簡単に出た。10代のころ憧れたジェームズ・コバーンのナイフ投げに再びしびれ、チャールズ・ブロンソンの優しさに、じんときた。『大脱走』と並ぶ、スタージェス監督の娯楽映画の傑作だと、改めて確信した。

19世紀後半、米国の西部開拓時代のメキシコ。毎年、野盗に襲われるある村では「銃を買って戦うしかない」という長老の意見に従い、3人の村人がテキサスに向かう。

彼らは、早撃ちのガンマン、クリス（ユル・ブリナー）の勇気ある行動を見て、相談を持ち掛ける。クリスは「ガンマンを雇うほうがいい」とアドバイス。自ら助っ人を引き受け、共に戦うメンバーを集めることにする。

クリスの人柄にひかれるヴィン（スティーブ・マックイーン）、もうけ話と思い込んだハリー（ブラッ

※ブルーレイが20世紀フォックス　ホームエンターテイメント　ジャパンから発売中。

※

ド・デクスター）、メキシコ人の血を引くオライリー（ブロンソン）、賞金稼ぎのリー（ロバート・ボーン）、ナイフの達人ブリット（コバーン）ら、すご腕の5人が集まる。さらに、クリスに〝実地試験〟で落とされた、農民出身の若いチコ（ホルスト・ブッフホルツ）も加わり、メンバーは計7人になる。

たしかに、7人の人物造形や農民たちの描き方に、深みが足りないと感じるところがある。戦闘場面も、『七人の侍』の泥中の肉弾戦の迫力には及ばない。刀と銃の差が出るのだ。だが、この映画には、そんな弱点を忘れさせるほどの力がある。大スターだったブリナーはもちろん素晴らしいが、マックイーンやブロンソン、コバーンら当時は無名だった俳優たちの魅力を引き出し、スターに押し上げたことだ。

彼らは本当にかっこよかった。エルマー・バーンスタインの音楽にも胸が躍る。

これを知るともっと見たくなる 観客は圧倒的に支持

『荒野の七人』は、日本で公開された1961年の興行ベスト・テン（外国映画）で、『ウエスト・サイド物語』を抑えて1位に輝いた。「批評家は評価しないが、観客は支持」という典型的な作品だった。

じつは、米国では1960年の公開時、まったく話題にならず、1週間で上映が打ち切られた。その後、欧州でヒットしたことから、再び米国内で上映され、今度は大ヒットしたという。

ブルーレイ、DVDに特典として収められたメーキング映像には、ロバート・ボーンやジェームズ・コバーンらが出演し、こうした興味深い裏話を語っている。

▶128分。カラー。

1960年　イタリア▼監督＝ルキノ・ヴィスコンティ　⑮

『若者のすべて』

家族の愛と悲劇、厳かに

出演＝アラン・ドロン、レナート・サルバトーリ、アニー・ジラルドほか。

ルキノ・ヴィスコンティ監督『若者のすべて』は、南イタリアの故郷を捨て北部の都市にやって来た貧しい家族が、運命に翻弄されていく物語だ。

ネオレアリズモの作家の一人だったヴィスコンティが、庶民生活を扱った最後の作品。その後の『山猫』や『ベニスに死す』などの華麗で退廃的な印象とは異なるが、特長である深い味わいと品格は、この映画にも共通している。底辺の若者たちのドラマだが、人間の宿命を描いた荘重な悲劇を見たような気持ちになるのは、そのせいだろう。

冬のミラノ駅。母親ロザリア（カティナ・パクシヌー）と4人の息子が到着した列車から降りる。父親が死に、ミラノで暮らす長男を頼ってきたのだ。だが、迎えに来ているはずの長男の姿はない。彼は恋人（クラウディア・カルディナーレ）やその家族と婚約パーティーの最中だった。

結局、母と息子らは安アパートで暮らし始める。次男シモーネ（レナート・サルバトーリ）はボクサーになり、三男ロッコ（アラン・ドロン）はクリーニング店で働く。

一家の生活が数年にわたって描かれる。中心になるのは、シモーネとロッコの葛藤だ。元々享楽的なところがあるシモーネは、ボクサーとして大成できず、売春婦のナディア（アニー・ジラルド）と

※ブルーレイ、ＤＶＤがアイ・ヴィー・シーから発売。177分。モノクロ。ブルーレイは3800円＋税、ＤＶＤは2800円＋税

▶ベネチア国際映画祭で審査員特別賞受賞。

※の甘い生活に逃げ込む。だが、シモーネと別れたナディアが、兵役を終えたロッコと恋仲になり、トラブルが起きる。

貧しい南部から北部への人口移動。映画が公開された1960年当時のイタリアの社会問題と同時に、伝統的な家族の絆が変質していく実態が、リアルに伝わってくる。

一家が、故郷では見たことがなかった雪に興奮する場面。嫉妬したシモーネが、ロッコの目の前でナディアを暴行する衝撃的な場面。そして、大聖堂の屋上でのロッコとナディアの別れ。心に刻まれる場面も多い。

半年前に公開された『太陽がいっぱい』で、野心に満ちた青年を演じたドロンが、どんなことがあっても兄を許す聖人のようなロッコを、美しく演じている。『山猫』と合わせ、ヴィスコンティはドロンの魅力を最高に引き出している。

これを知るともっと見たくなる

共演後、夫婦に

アラン・ドロンが扮するロッコと三角関係になる2人を演じたのは、レナート・サルバトーリとアニー・ジラルド。

サルバトーリは、コスタ・ガブラス監督やベルナルド・ベルトルッチ監督の作品などで活躍した性格俳優。ジラルドは、マルセル・カルネ監督の『**マンハッタンの哀愁**』でベネチア国際映画祭最優秀女優賞を受賞。2001年のミヒャエル・ハネケ監督『**ピアニスト**』では過干渉の母親役を好演した。

2人は『若者のすべて』の公開2年後の1962年に結婚。88年にサルバトーリが54歳で病死するまで添い遂げた。ジラルドは2011年、79歳で死去した。

『勝手にしやがれ』
猛スピードで映画を変えた

出演＝ジャンポール・ベルモンド、ジーン・セバーグ、ダニエル・ブーランジェほか。

本当に新しい映画は決して古びない――。

字幕の訳を寺尾次郎さんが担当し、山田宏一さんが監修したジャンリュック・ゴダール監督『勝手にしやがれ』のＤＶＤが発売されたのを機に見直し、そう思った。

直訳すれば「息切れ」を意味するフランス語のタイトルの後、「つまり俺はバカだ。やるしかない」とつぶやきながら、身を隠していた新聞を畳むジャンポール・ベルモンドの顔が、大写しになる。帽子を目深にかぶり、くわえたばこの彼は、仲間の若い女性の目配せを合図に高級車を盗む。

始まってわずか2分のこの段階で、数十年前に初めて見た時と同じように、猛スピードで映画に引き込まれてしまった。

主人公のミシェル（ベルモンド）は、車を盗んだ南フランスのマルセイユから、パリに向かう。車を売った金を手にしたら、付き合っていたパトリシア（ジーン・セバーグ）を誘い、イタリアに遊びに行くつもりだ。彼女はジャーナリスト志望の米国娘で、パリで「ニューヨーク・ヘラルド・トリビューン」紙を街頭で売る仕事をしている。

だが、途中で交通違反をしてオートバイの警官に追われたミシェルは、警官を射殺してしまう。

※ブルーレイ、ＤＶＤが株式会社ＫＡＤＯＫＡＷＡから発売。90分。モノクロ。ブルーレイは1500円＋税、ＤＶＤは1000円＋税

※

込み入った話ではない。無軌道な若者が破滅に向かって全速力で走る。ただ、それだけの物語だ。にもかかわらず、この映画はフランスのヌーベルバーグ（新しい波）の代表作として、映画史に新しい１ページを加えたとまで評価される傑作になった。

即興性を重視した演出、大胆な街頭撮影、つながりを無視した編集。それまでの常識にとらわれない斬新な手法が、スピード感にあふれたみずみずしい映像を生み出したのが、成功した最大の理由だろう。不良っぽさと人なつっこさを併せ持つベルモンドの個性も、この役にぴったりだった。

そして、特筆しておきたいのは、ゴダール作品に共通する言葉の力だ。

「悲しみと虚無、どっちを選ぶ？」

パトリシアに問われたミシェルは答える。

「俺は虚無を選ぶ。悲しむのは妥協だ」

こんな言葉が似合う映画は、ゴダールしか作れない。

これを知るともっと見たくなる
寺尾次郎さんに感謝

ゴダール監督の作品やウォン・カーウァイ監督**『欲望の翼』**などの映画字幕翻訳家として知られる寺尾次郎さんは、２０１８年６月、胃がんのため62歳で亡くなった。ゴダールの最新作で19年４月に日本で公開された**『イメージの本』**のラストには、寺尾さんへの感謝を記した献辞が流れる。

１９７０年代に、山下達郎さんらをメンバーとするバンド「シュガー・ベイブ」のベーシストとして活躍した。長女は音楽家、文筆家の寺尾紗穂さん。エッセー集『彗星の孤独』には、亡くなった父への思いをつづった文章が収録されている。

▶ベルリン国際映画祭で銀熊賞（最優秀監督賞）受賞。キネマ旬報ベスト・テン外国映画８位。

1960年　フランス▼監督＝ルイ・マル

⑰『地下鉄のザジ』
即興演奏のような楽しさ

出演＝カトリーヌ・ドモンジョ、フィリップ・ノワレ、カルラ・マルリエほか。

ルイ・マル監督『地下鉄のザジ』は、好みが分かれる映画だろう。「いたずら好きの少女ザジがパリを駆けめぐる傑作コメディー」。こんなうたい文句や、おかっぱ頭ですきっ歯のかわいい少女の写真が載ったＤＶＤの表紙から、おしゃれなフランス映画を期待すると、間違いなく裏切られる。

叙情的な雰囲気が漂うのは、パリを目指す列車の運転席からの風景が映るオープニングだけ。その後は、うさんくさい人々が続々登場し、ドタバタ劇を繰り広げる。

10歳の少女ザジ（カトリーヌ・ドモンジョ）は、母親とともに、田舎からパリにやってくる。母親が恋人と過ごす2日間、ザジは叔父さんのガブリエル（フィリップ・ノワレ）に預けられる。ザジの願いは、田舎にはない地下鉄に乗ることだ。だが、地下鉄はストライキ中。退屈で街に出た彼女は、おかしな大人たちに次々と出会う。

夜警と言っていた叔父さんの仕事は、実は女装してナイトクラブで踊るダンサーだったり、ザジに付きまとう怪しい男（ビットリオ・カプリオーリ）が警官や商人や暗黒街の顔役へ変幻自在に正体を変えたり、さまざまな出来事が起きる。もちろん、ザジも負けていない。「ケツ食らえ！」と汚い言

※ブルーレイ、ＤＶＤが株式会社ＫＡＤＯＫＡＷＡから発売。93分。カラー。ブルーレイは4800円＋税、ＤＶＤは1500円＋税

※

葉を連発して、大人をけむに巻いていく。

間断ないギャグの合間に、映し出されるパリの街が、わい雑で新鮮な魅力に満ちている。エッフェル塔に上る場面は背中がぞくぞくするし、ザジが男に追いかけられる場面は目が回る。こうしたトリック撮影や街頭撮影が、マル監督も一員だったフランス映画のヌーベル・バーグ（新しい波）の本領だったのだろう。

それにしても、クラブの給仕らを巻き込んだ狂騒場面には圧倒された。ジャズの即興演奏のように、感情が爆発し絶頂を目指していく。大騒ぎの後、せっかく地下鉄に乗れたのに、ザジは眠ってしまう。この間の出来事は本当に起きたことだったのか、それともザジの夢だったのか？

難しいことは考えなくていい。はっきりしているのは、ザジがパリで２日分「年を取った」ことだけだ。

これを知るともっと見たくなる

フィリップ・ノワレ

ザジの叔父を演じたフィリップ・ノワレは、イタリア映画『**ニュー・シネマ・パラダイス**』の映写技師アルフレード役でおなじみの名優だ。

同じくイタリア映画『**イル・ポスティーノ**』でのチリからの亡命詩人役も印象的で、イタリアの俳優と思われがちだが、１９３０年にフランス北部の都市リールで生まれ、パリの演劇学校で演技を学んだフランス人だ。映画、舞台で活躍し、生涯で１４０本以上の映画に出演した。映画の代表作はほかに『**最後の晩餐**』『**追想**』など。２００６年にがんのため76歳で死去した。

▶キネマ旬報ベスト・テン外国映画７位。

⑱ 1961年 フランス▼監督＝アンリ・コルピ

『かくも長き不在』

生の真実、鮮やかに提示

出演＝アリダ・ヴァリ、ジョルジュ・ウィルソン、ジャック・アルダンほか。

アンリ・コルピ監督『かくも長き不在』は、小さなカフェの数日間の出来事を通して、生きること、愛することの真実を鮮やかに提示した作品だ。

革命記念日（パリ祭）を祝う行事が、フランス全土で盛大に催されている1960年7月14日。パリ近郊の町ピュトーでテレーズ（アリダ・ヴァリ）が営む小さなカフェは、いつもと同じように、にぎわっていた。運転手や職人らが多い常連客は、パリ祭の日も休まず働いているのだ。

その夜、カフェの2階のテレーズの部屋に泊まった恋人のトラック運転手ピエール（ジャック・アルダン）は、夏のバカンスについて相談する。

だが、翌日、カフェの前を歩いているホームレスの男（ジョルジュ・ウィルソン）を見て、テレーズの顔色が変わる。16年前、ナチス・ドイツの秘密警察ゲシュタポに逮捕され、収容所に送られた後、消息不明になっている夫アルベールにそっくりだったのだ。

テレーズは、男の身元を確かめようとするが、彼は過去の記憶を喪失していることがわかる。男のすみかを突き止めたテレーズは、記憶をよみがえらせようと、さまざまな試みをするが、なかなかうまくいかない。

※ブルーレイ、ＤＶＤがＷＯＷＯＷプラスより発売（販売は株式会社ＫＡＤＯＫＡＷＡ）。98分。モノクロ。ブルーレイは4800円＋税、ＤＶＤは3800円＋税

※作家マルグリット・デュラスらによるオリジナル脚本。物語の枝葉をにぎやかにせず、説明的なせりふも省くことで、テレーズのもどかしい思いや悲しみが、より痛切に伝わってくる。

強烈な場面がある。テレーズはカフェで2人でダンスをしたとき、男の後頭部に深い傷痕を見つける。その後、カフェから立ち去ろうとした男は、路上で大勢の人々から呼び止められると、立ちすくみ、ある動作をする。ナチスの拷問で男の心は壊された。恐怖や戦争の記憶が、突然、心によみがえってきたために、おそらく彼は、その動作を無意識にしてしまったのだ。

詩情あふれるモノクロの映像が美しい。男が口ずさむオペラ『セビリアの理髪師』のアリア「陰口はそよ風のように」や、ダンスシーンで流れるシャンソン「三つの小さな音符」など、音楽も効果的に使われている。

これを知るともっと見たくなる アリダ・ヴァリ

1921～2006年。イタリアを代表する女優。キャロル・リード監督『**第三の男**』（1949年）の毅然とした表情で並木道を歩くラストシーンで名高い。ルキノ・ヴィスコンティ監督『**夏の嵐**』（54年）では、道ならぬ恋に溺れた伯爵夫人を情感豊かに演じ、映画ファンを魅了した。

『かくも長き不在』では、それらの作品とは異なる生活感のある役だったが、記憶を失った男を夫と信じ続けるテレーズを、いかにも彼女らしいいちずさで演じている。

ほかの出演作に『**パラダイン夫人の恋**』『**さすらい**』『**暗殺のオペラ**』『**サスペリア**』など。

▶日本公開は64年。カンヌ国際映画祭最高賞（パルムドール）受賞。キネマ旬報ベスト・テン外国映画1位。

⑲ 1963年 イタリア・フランス▼監督＝フェデリコ・フェリーニ

『8 1／2』
映像の魔術に酔いしれる

出演＝マルチェロ・マストロヤンニ、アヌーク・エーメ、クラウディア・カルディナーレほか。

フェデリコ・フェリーニ監督『8 1／2』は、観客の見る力を鍛える映画と言えるかもしれない。20歳で初めて見たときは、キツネにつままれたような気分だった。同時期に見たフェリーニ作品『道』にいたく感動し、ヒロインのジェルソミーナや旅芸人のザンパノの名前を心に刻み込んだのとは、対照的だった。

だが、めげずに何度か見ているうちに、次第にこの映画のすごさがわかってくるようになった。

まず、映像だ。開始早々、車の中から空に舞い上がった主人公は、足を綱に縛られて地上から引き戻され落下していく。これは、現実逃避したい主人公の心境を投影した夢なのだが、とにかく、映像の力がずばぬけているのだ。見るたびに「どんなふうに撮ったのだろう」と、心の中で問いを繰り返してしまう。そんな忘れられないシーンがいくつもある。まさに、「映像の魔術師」という異名にふさわしい作品だと思う。

主人公はフェリーニ自身を思わせる43歳の映画監督グイド（マルチェロ・マストロヤンニ）。温泉地に滞在しながら、新作の準備をしている。構想がまとまらず悩む彼の元に、愛人（サンドラ・ミーロ）がやってくる。さらに、冷え切った関係の妻ルイザ（アヌーク・エーメ）も来る。プロデューサー

※写真出典：ウィキメディア・コモンズ

※からはせっつかれ、俳優からは役をねだられる。行き詰まった彼は、幼時の記憶や空想に逃避する……。

グイドの夢から始まった映画では、現実とグイドの心象風景が、明白に区別されずに、交錯しながら描かれていく。

甘美な記憶と悔恨。女性への憧れと肉欲。天上と死。そんなイメージのエピソードが、魅惑的な映像とともに続く。それらを通して、グイドという人物が外面からも内面からも描かれていく。

「この混乱が私なのだ」「人生はお祭りだ、一緒に過ごそう」。グイドの言葉が共感を呼び、哀感に満ちたラストシーンにつながっていく。

題名の読み方は「はっかにぶんのいち」。共同監督だったデビュー作を1／2と数え、これが8 1／2本目の監督作品になるという意味だ。

これを知るともっと見たくなる

憧れのクラウディア

グイドが新作のために待ち望んでいる女優が、クラウディア。「CC」という愛称で親しまれたイタリアの女優、クラウディア・カルディナーレが、本人を連想させる役で出演している。

彼女は、映画の後半に、グイドのいる温泉地に到着するが、それ以前にもしばしばグイドの空想の中に現れる。登場するシーンは、画面全体が純白に輝いている。

1938年生まれ。『8 1／2』が製作された63年には、ルキノ・ヴィスコンティ監督**『山猫』**や、ジョージ・チャキリスと共演した**『ブーベの恋人』**などにも出演している。

▶第36回米アカデミー賞で外国語映画賞、衣装デザイン賞を受賞。キネマ旬報ベスト・テン（1965年）外国映画1位。DVD「8 1/2普及版」が、紀伊國屋書店から販売。138分。モノクロ。DVDは3800円＋税

1963年　アメリカ▼監督＝アルフレッド・ヒッチコック　⑳

『鳥』恐怖のファンタジー

出演＝ロッド・テイラー、ティッピ・ヘドレン、ジェシカ・タンディほか。

アルフレッド・ヒッチコック監督は、観客を怖がらせて、楽しませる天才だ。

血まみれやグロテスクな映像などで恐怖をあおるのではなく、怖いもの見たさの心理を上手に刺激して、映画の面白さを満喫させてくれるのだ。

『鳥』は、その天才が腕によりをかけて作った自信作。シャワーカーテンの殺人場面で有名な『サイコ』と並ぶ、ヒッチコック製恐怖映画の傑作だ。

米サンフランシスコ。新聞社オーナーの娘で、セレブとして有名なメラニー（ティッピ・ヘドレン）は、ペットショップで会った若い男性ミッチ（ロッド・テイラー）をからかおうとして、逆に手玉に取られてしまう。腹の虫が治まらないメラニーは、ミッチが妹（ベロニカ・カートライト）の誕生祝いのために探していたラブバードを手土産にして、彼が妹、母親（ジェシカ・タンディ）と3人で住むボデガ湾の小さな町に向かった。

『サイコ』もそうだったが、恐怖が現出するまでの過程が、実に自然でテンポがいい。おしゃれな恋愛喜劇のようなタッチで、観客を映画に引き込んだところで、最初の事件が起きる。ボートに乗っていたメラニーが、カモメに襲われ、頭から出血するのだ。

※写真出典：ウィキメディア・コモンズ

※

その後、不気味な現象が続いて起きる。スズメ、カラス、カモメ……。見慣れた普通の鳥たちが、突然、殺意を感じさせるほどの激しさで、集団で人間を襲い始める。

専門の調教師が調教した鳥や作り物の鳥、合成映像を駆使して描く鳥の集団攻撃は、CGの映像を見慣れた目にも、迫力満点だ。名場面も多い。メラニーが小学校の外のベンチに座っていると、背後のジャングルジムに、いつの間にかカラスの大群が集まってくるところ。町の中心部が火事になると、まるでカモメの目から町を見下ろすような、上空からのショットになるところ。音楽を使わず、電子音で不安をかき立てる手法も効果的だ。

ところで、鳥たちはなぜ人類を襲い始めたのだろう。理由は明らかにされない。それが、この恐怖のファンタジーをより不気味なものにしている。

これを知るともっと見たくなる

ティッピ・ヘドレン

1930年、米ミネソタ州生まれ。モデルとして活動していたが、CMを見たヒッチコック監督から、『鳥』の主演女優に大抜てきされた。『**裏窓**』などでヒッチコック映画のヒロインとして活躍したグレース・ケリーに通じる華やかな雰囲気を持つ。『鳥』の中で、電話ボックスで鳥の大群に襲撃される場面などは強烈だった。『鳥』の翌年には、ヒッチコック監督の『**マーニー**』でも主演したが、近年、自伝を発表。当時、監督からセクハラを受けていたことを明らかにした。娘は、女優のメラニー・グリフィス。

▶キネマ旬報ベスト・テン外国映画４位。ブルーレイ、ＤＶＤがＮＢＣユニバーサル・エンターテイメントから発売。119分。カラー。ブルーレイは1886円＋税、ＤＶＤは1429円＋税

1963年　イタリア・フランス▼監督＝ルキノ・ヴィスコンティ　㉑

『山猫』きらびやかな没落の物語

出演＝バート・ランカスター、アラン・ドロン、クラウディア・カルディナーレほか。

小津安二郎監督の映画のように、ある程度年齢を重ねて、良さがわかる作品がある。ルキノ・ヴィスコンティ監督『山猫』もそうだった。

4K修復版のブルーレイが出た機会に見直し、この歴史巨編の基調をなしているのが、時の移ろいや人生のはかなさへの諦観であることを改めて感じた。映画史に輝く大舞踏会のシーンをはじめ4Kの鮮明な映像は、オールドファンにも新鮮な喜びをもたらしてくれる。世代を超えて多くの人にお薦めしたい作品だ。

19世紀半ばのシチリア島。イタリア各地で展開されていた国家統一運動の波が押し寄せていた。主人公は、島の名家の当主サリーナ公爵（バート・ランカスター）。誇り高き貴族でありながら、時代の変遷の中で自らの階級が没落していく運命を見通している。

彼が一族の未来を託そうとしているのが、理想家だが変わり身の早い、おいのタンクレディ（アラン・ドロン）だ。自分の娘の結婚相手と目されていたタンクレディが、成り上がり者の市長の美しい娘アンジェリカ（クラウディア・カルディナーレ）と恋仲になっても歓迎する。おいが新しい社会でのし上がっていくためには、市長の金が必要だと判断したからだ。

※写真出典：ウィキメディア・コモンズ

※
「山猫や獅子が支配する時代は去り、ジャッカルや羊が取って代わる。そして、山猫、獅子、ジャッカル、羊のそれぞれが、自分を〝地の塩〟と思い込むのだ」。公爵の述懐は、貴族の末裔であるヴィスコンティ監督自身の思いなのだろう。

その後、目くるめくような大舞踏会が始まる。大勢の人々が手をつなぎ部屋から部屋へと踊り歩くシーンは、一体どうしたらこんな撮影ができたのだろうと驚く。

中でも素晴らしいのは、サリーナ公爵とアンジェリカがワルツを踊る場面だ。俳優の肉体を通して、言葉では尽くせない感情が伝わってくる。アンジェリカの若さと美しさは、公爵に老いと死を自覚させ、貴族という階級にも自らの人生にも滅びの時が近づいているのを知らしめる。

ランカスターが秀逸だ。踊りの輪から独り外れ、流す涙が全てを表している。

これを知るともっと見たくなる　CCの高笑い

『8 1／2』でも触れたが、アンジェリカ役のクラウディア・カルディナーレ（CC）は、ブリジット・バルドー（BB）と並ぶ1960年代前半の欧州映画を代表する人気女優。主題歌も大ヒットした『**ブーベの恋人**』での美しさに魅了されたファンも多い。

『山猫』の中では、舞踏会のシーンはもちろん、サリーナ公爵家の夕食会でタンクレディのきわどい冗談に高笑いする演技が印象的だった。アンジェリカは、貴族に代わる新興勢力を象徴する役でもあった。

マノエル・ド・オリベイラ監督『**家族の灯り**』（2012年）など、近年も映画出演を続けている。

▶カンヌ国際映画祭で最高賞（パルムドール）受賞。「4K修復版」のブルーレイが株式会社IMAGICA　TVより発売（販売は株式会社KADOKAWA）。187分。カラー。ブルーレイは5800円＋税

1965年　アメリカ▼監督＝ロバート・ワイズ　㉒

『サウンド・オブ・ミュージック』

名曲を世界に広めた超大作

出演＝ジュリー・アンドリュース、クリストファー・プラマー、エレノア・パーカー、リチャード・ヘイドンほか。

見終わった時、思わず口ずさんでしまう曲があるかどうか。それがミュージカル映画を評価する尺度だと思う。

その尺度からすれば、ロバート・ワイズ監督『サウンド・オブ・ミュージック』は、すごい。「ドレミの歌」、「私のお気に入り」、「エーデルワイス」……。いずれも、映画の基になったブロードウェーミュージカルのために作られ、映画の大ヒットによって世界中の愛唱歌となった。

今では、映画との関係を知らない若い世代にも歌い継がれているこれらの名曲が、歌詞にぴったり合うシチュエーションの中で披露されるのだから、それだけでも楽しい。まさに不朽の名作という称賛がふさわしい。

舞台は、1930年代のオーストリアの都市ザルツブルク。見習い修道女のマリア（ジュリー・アンドリュース）は、妻を亡くしたトラップ大佐（クリストファー・プラマー）の7人の子どもたちの家庭教師になる。

マリアは子どもたちに歌の楽しさを教え、やがて大佐との間に愛が芽生える。だが、ナチス・ドイツにオーストリアは併合され、危機にひんした彼らは……、という物語だ。

※写真出典：ウィキメディア・コモンズ

※ラブロマンスにスリルとサスペンスも加えた、いかにもハリウッド映画らしい超大作。途中に休憩も入る3時間近い映画だが、中だるみするところはない。

空撮でアルプスの山々を俯瞰したカメラが、地上に引き寄せられるように移動し、緑の高原で歌い始めるマリアをとらえるファーストシーンから、映像に圧倒的な力がある。舞台では表現するのが不可能な雄大な自然の光景など、映画の武器を駆使した演出が心憎い。

強いて難点を挙げるなら、ややご都合主義的なストーリーと、あまりに優等生的な人物の描き方だろうか。不良っぽいものに憧れた少年時代は、同じワイズ監督の『ウエスト・サイド物語』のほうにひかれたが、半世紀以上たって2作を見比べると、むしろ『サウンド・オブ・ミュージック』の楽しさに感心する。

ハリウッド映画の良さが結実した、安心して見られる作品だ。

これを知るともっと見たくなる　名コンビ

「ドレミの歌」などの劇中歌は、リチャード・ロジャース作曲、オスカー・ハマースタイン2世作詞。

2人は、1943年にブロードウェーで初演されたミュージカル『**オクラホマ！**』以降、コンビで活躍し、『**南太平洋**』『**王様と私**』『サウンド・オブ・ミュージック』など、いずれも後に映画化されるヒットミュージカルの音楽を作った。ハマースタイン2世はときには、脚本も担当した。

「エーデルワイス」はこのコンビの最後の作品で、ハマースタイン2世の遺作にもなった。

▶米アカデミー賞で作品賞、監督賞など5部門で受賞。キネマ旬報ベスト・テン外国映画9位。製作50周年記念版ブルーレイ（3枚組）、DVDなどが、20世紀フォックス　ホームエンターテイメント　ジャパンから発売中。176分。カラー。

1965年　フランス▼監督＝アニエス・ヴァルダ　㉓

『幸福（しあわせ）』

美しくて、怖い映画

出演＝ジャンクロード・ドルオ、クレール・ドルオ、マリーフランス・ボワイエほか。

大輪のひまわりが咲く公園に、幼い2人の子どもの手を引いた若い夫婦が、ピクニックにやってくる。明るい光と美しい緑の中で休日のひとときをくつろぐ一家が、モーツァルトの楽曲に乗せて映し出される。

アニエス・ヴァルダ監督『幸福（しあわせ）』は、こんな絵画のように美しい場面から始まる。勘がいい観客は、この時点で既に、不吉な予感を抱いてしまうかもしれない。彼らがあまりに幸せ過ぎるからだ。物語はテンポよく進み、破局はあっという間に訪れる。

親戚の経営する木工所に勤める夫のフランソワ（ジャンクロード・ドルオ）は、出張工事に行った町の郵便局で、チャーミングな女性エミリ（マリーフランス・ボワイエ）に出会う。間もなく、エミリが彼の住む町に転勤してきたことから、2人は深い仲になる。エミリは、フランソワに妻子があるのを知りながら「私はこの関係で満足よ」と言う。フランソワも全く罪の意識は感じていない。それどころか、幸福が2倍になったような満足感すら覚えている。そして、再び家族でピクニックに行った公園で、妻のテレーズ（クレール・ドルオ）に、エミリとのことを告白する。

「僕たちは区切られたリンゴ畑の中にいる。でも畑の外にもリンゴはある」「（これまでと変わらずに

※ＤＶＤ、ブルーレイがアイ・ヴィー・シーから発売。80分。カラー。ブルーレイは4800円＋税、ＤＶＤ廉価版は1800円＋税

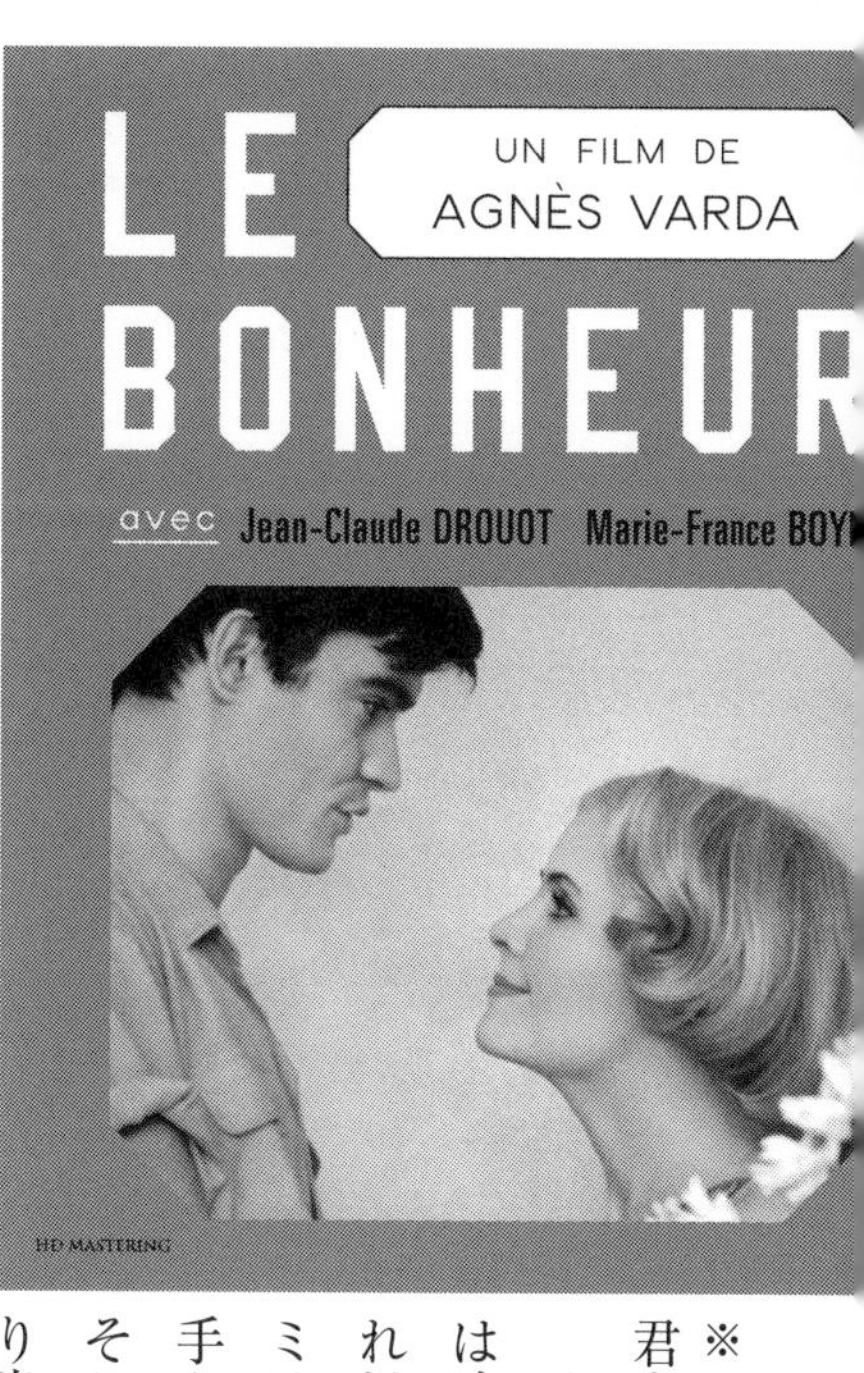

※君を）愛してる」

その後、彼らの運命はどうなるのか？　それは映画を見てほしい。妻の行動も劇的だが、それ以上にショッキングなのは、フランソワとエミリが選択する道だろう。フランソワの自分勝手さを男のエゴイズムと責めるのは簡単だが、そこで問題を終わらせず、人間の業までもえぐり出すような、ヴァルダ監督のさめた目がすごい。愛の言葉のむなしさ。人の心の移ろいやすさ。しょせん、人間は自分しか愛せない生き物なのか。さまざまな想念とともに、重い問いが観客に突き付けられる。

ラストシーン。紅葉に季節が変わった公園を、２人の子どもの手を引いた男女が、ピクニックを終えて帰っていく。美しいけれど、本当はとても怖い映画だ。

これを知るともっと見たくなる

実際の家族が演じた

アニエス・ヴァルダは、ヌーベルバーグの先駆者と評価されるフランスの女性監督。写真家出身で、ドキュメンタリー作品も多い彼女らしく、『幸福』にもドキュメンタリー的な部分がある。夫婦役の２人は実際の夫婦で、子役２人も彼らの子どもというのが面白い。

代表作に、ベネチア国際映画祭金獅子賞受賞の**『冬の旅』**や**『アニエスの浜辺』**など。第90回米アカデミー賞で名誉賞を受賞した。２０１９年、乳がんのため90歳で死去した。遺作は**『アニエスによるヴァルダ』**。夫は**『シェルブールの雨傘』**などで知られる映画監督の故ジャック・ドゥミ。

▶ベルリン国際映画祭で銀熊賞（審査員特別賞）受賞。キネマ旬報ベスト・テン外国映画３位。

性の深淵を描く

出演＝カトリーヌ・ドヌーヴ、ジャン・ソレル、ミシェル・ピッコリほか。

「人間の一生は、性の生涯である。コンピュータがいかに発達しても性の深淵だけは測れまい」（新藤兼人「わが性的ユートピア考」『新藤兼人の足跡3　性と生』［岩波書店］所収）

ルイス・ブニュエル監督『昼顔』は、そうした人の心の深い淵をのぞかせてくれる、背徳的で美しい映画だ。

セブリーヌ（カトリーヌ・ドヌーヴ）は、若く美しい人妻。優秀な外科医の夫ピエール（ジャン・ソレル）とパリに住み、はた目には何不自由ない生活を送っている。

だが、彼女はひそかに、満たされぬ欲望を抱いている。時折、みだらな夢を見て、妄想をめぐらせていた彼女は、ある日、知人の女性が売春をしていることを知り、自分を抑えられなくなる。

夫の友人ユッソン（ミシェル・ピッコリ）から秘密の売春宿の場所を聞き出した彼女は、そこを訪ね、「昼顔」という名前で午後2時から5時の間、働くことにする……。

初めて見たのは、20代前半だった。広大な庭園を走る馬車に乗った夫婦にいさかいが始まり、夫の命令で2人の御者に馬車から引きずり降ろされたセブリーヌは、木に縛られムチ打たれる。

いきなり、ショッキングな夢から始まる映画は、心に深く刻み込まれる映像が幾つもありながら、全体としては、よく理解できなかった。

映画を見た後で、売春宿の客のアジア人が持ってくる小箱の中身は何なのだろうとか、「昼顔」に本気でほれるやくざな若者マルセル（ピエール・クレマンティ）がかっこいい、とかいう話を同年代の友人たちと交わしたのを覚えている。

40年以上たって見直すと、無神論者を公言し「人間の中にこそ神を探さねばならぬ」と主張していた監督の意志が、細部に込められていることに気付く。人間は善悪で割り切れるものではない。まず、あるがままの人間を描くことだ、という姿勢も伝わってくる。自分も少しは、深淵をのぞき込んだせいだろうか。

それにしてもドヌーヴは輝いている。アップで映される足の美しさにすら、息をのんだ。公開当時23歳という年齢が信じられないほど、大人の女性の魅力がある。

これを知るともっと見たくなる　カトリーヌ・ドヌーヴ

1943年生まれのフランスを代表する女優。

ジャック・ドゥミ監督『**シェルブールの雨傘**』（64年）の大ヒットで世界的なスターに。主な出演作に、実の姉フランソワーズ・ドルレアックと共演した『**ロシュフォールの恋人たち**』（67年）や、『**哀しみのトリスターナ**』（70年）、『**終電車**』（80年）、『**インドシナ**』（92年）など。

米映画界などで表面化したセクハラ問題に対し2019年1月、「行き過ぎた追及」などと批判、大きなニュースになった。論争が起きた後、「性被害に遭った女性たちを傷つけたとしたら陳謝する」と述べた。

▶ベネチア国際映画祭で金獅子賞受賞。現在はＤＶＤの発売なし。100分。カラー。

1967年　アメリカ▼監督＝ノーマン・ジュイソン　㉕

『夜の大捜査線』

米国の暗部描いた刑事映画

出演＝シドニー・ポワチエ、ロッド・スタイガー、ウォーレン・オーツほか。

優れた映画は、登場人物の感情と背景の社会を生き生きと映し出す。

ノーマン・ジュイソン監督『夜の大捜査線』が好例だ。

殺人事件の容疑者が二転三転し、最後に真犯人を刑事が突き止める。そのミステリーの部分だけでも十分楽しめるのだが、背景に、米国南部の根強い人種差別や、銃社会の実態がきちんと描かれている。緻密な脚本に基づいた、真面目で良質な刑事映画の秀作だ。

うだるように暑い夏の深夜。ミシシッピ州の小さな町で、パトロール中の警官サム（ウォーレン・オーツ）が町の有力者の他殺体を発見する。

警察署長のギレスピー（ロッド・スタイガー）の命令で捜査を開始したサムは、駅の待合室にいた黒人青年（シドニー・ポワチエ）を犯人と決めつけ、署に連行する。

だが、じつは青年は、バージル・ティッブスという名前の、フィラデルフィア市警の刑事だった。先方の署長から、バージルが殺人課の敏腕刑事と聞いたギレスピー署長は、自分は殺人事件を扱ったことがないので捜査を手伝ってくれと頼む……。

見事なのは、捜査に加わったバージルが直面する差別の実態を、言葉や視線などを含め、具体的な

※ブルーレイが20世紀フォックス ホームエンターテイメント　ジャパンから発売中。

エピソードで明らかにしていくことだ。例えば、きちんとスーツを着ているバージルに、地元の白人の青年は言う。

「白人の服で何してる?」※

ほかの住民と同じような差別意識を持ち、折々にバージルと対立するギレスピー署長だが、バージルの捜査能力の優秀さを素直に認める真っすぐなところがある。この「犯罪を許さない」という警察官としての職業的誠実さが、最終的に2人の関係を変えていく。

知的なバージル役のポワチエ、たたきあげの署長役のスタイガーは共に適役。特に、スタイガーは、中年男の哀愁も漂わせ、米アカデミー賞では主演男優賞を受賞した。ジュイソン監督は『シンシナティ・キッド』『屋根の上のバイオリン弾き』『月の輝く夜に』『ザ・ハリケーン』などの名匠。クインシー・ジョーンズの音楽、レイ・チャールズの主題歌も印象的だ。

これを知るともっと見たくなる シドニー・ポワチエ

1927年生まれ。バハマ育ち。15歳のとき渡米し軍隊を経て俳優に。50年代のハリウッドで、唯一の黒人スターとして活躍。58年の『**手錠のままの脱獄**』で、米アカデミー賞主演男優賞にノミネートされ、63年の『**野のユリ**』で、黒人としては初のアカデミー賞主演男優賞を受賞した。『夜の大捜査線』の刑事と同じように知的で真面目で、理想的な人物役が多く、黒人解放運動が高揚する中で、次第に時代の雰囲気と合った役が少なくなっていく。

ほかに『**いつも心に太陽を**』『**招かれざる客**』など。2002年の第74回アカデミー賞で名誉賞を受賞している。

▶米アカデミー賞で作品賞、主演男優賞(ロッド・スタイガー)、脚色賞など5部門で受賞。キネマ旬報ベスト・テン外国映画8位。

1967年　アメリカ▼監督＝テレンス・ヤング

㉖

『暗くなるまで待って』

上質のサスペンス

出演＝オードリー・ヘプバーン、アラン・アーキン、リチャード・クレンナほか。

テレンス・ヤング監督『暗くなるまで待って』は、映画が娯楽の王様だった時代をしのばせるような、幅広い層が楽しめる上質なサスペンスだ。もちろん、最大の見どころは、盲目のヒロインを演じたオードリー・ヘプバーンの演技。ハンディを抱えながら、突然自宅に侵入してきた3人の悪党と独りで闘うという難しい役を、自然に、しかも美しく演じている。

スージー（ヘプバーン）は交通事故で視力を失ったが、今は写真家のサム（エフレム・ジンバリスト・ジュニア）と結婚し、米ニューヨークのアパートで幸せな日々を送っている。ある日、夫妻が留守の部屋に、マイク（リチャード・クレンナ）ら不審な2人組の男が侵入する。さらに、2人を追って、黒いサングラスの男、ロート（アラン・アーキン）が現れる。数日前、カナダから帰国したサムが、空港で見知らぬ女性から人形を預かったのが発端だった。人形の中にはヘロインが隠されており、女性がロートから持ち逃げしたものだった。ロートは2人組を使って、人形を取り戻そうとする。

スージーの目が見えないことを知った彼らは、入念な作戦を立てる。サムにうその仕事を頼んで外出させ、マイクが「サムの友人」と言って、スージーが1人でいる部屋を訪れる。そして……。

ここから先は映画を見てほしい。まるでオレオレ詐欺のように、3人がさまざまな役割で、入れ代

※ＤＶＤがワーナー・ブラザース　ホームエンターテイメントから発売。108分。カラー。ＤＶＤは1429円＋税。

※

わり立ち代わり、スージーの元にやってくる。

スージーが、自分がだまされていることに、なぜ気付くか。そして、普段から買い物を手伝ってくれる生意気な女の子グロリア（ジュリー・ハロッド）の助けを借りて、いかに3人と闘っていくのか。公衆電話を使ったトリックなど、携帯電話が普及した現在では成立しない部分もあるが、劇的な展開や映画ならではのスリリングなシーンもあり、全く飽きさせない。

ラストの10分は、部屋を真っ暗にして、スージーの気持ちに同化して見るのも一興かもしれない。残虐な映像などなくても、こんなにハラハラできることが心地よい。

これを知るともっと見たくなる　女優として区切りの作品

アルフレッド・ヒッチコック監督『**ダイヤルMを廻せ！**』の原作者でもあるフレデリック・ノットの舞台劇が、原作。ほとんどがアパートの1室で進行する。物語の骨格がしっかりしているために古びず、舞台では何度も再演されている。

オードリー・ヘプバーンは、この映画で米アカデミー賞主演女優賞にノミネートされたが、その後10年近く、女優業から離れることになった。

１９６７年の公開時、ヘプバーンは38歳。夫の俳優、メル・ファーラーとの間に7年前生まれた息子との暮らしを大事にしたいということなどが理由だった。ファーラーとは68年に離婚。翌年、イタリア人医師と再婚した。

1968年　イギリス・アメリカ▼監督＝スタンリー・キューブリック　㉗

『2001年宇宙の旅』

ＳＦ映画の金字塔

出演＝キア・デュリア、ゲイリー・ロックウッド、ウィリアム・シルベスターほか。

新しい文化に反応するのは、いつの時代も若者たちだ。スタンリー・キューブリック監督『2001年宇宙の旅』が、1968年に米国で公開された直後、映画館はがら空きで、批評も芳しくなかった。だが、約1カ月後、打ち切りを検討中の配給会社に、各地の映画館から電話がかかってきた。「若者たちが最前列に陣取り、その数が日に日に増えている。打ち切らないでほしい」。ブルーレイの特典映像の中で関係者が語るエピソードが、作品がいかに時代より先行していたかを物語っている。

映画の冒頭、真っ暗な場面に不安をかきたてるような音が流れ、やがてMGMのライオンのロゴが映された後、リヒャルト・シュトラウス作曲の交響詩「ツァラトゥストラはかく語りき」の演奏が始まる。始まりの三つの音に呼応するように、画面に月と地球と太陽が現れ「2001年宇宙の旅」とタイトルが出る。

初めの「人類の夜明け」の章では、猿人たちが主人公だ。彼らの集団の前に、地球外の知的生命によって作られたと思える謎の黒い石板が現れ、それに触れた猿人は、動物の骨を武器として使うことを思いつく。そして、彼が空に向かって放り投げた骨が、宇宙空間を飛行する核を積んだ軍事衛星に転換する。数百万年を飛び越え、未来の物語がここから始まっていく。

※ブルーレイ、ＤＶＤがワーナー・ブラザース　ホームエンターテイメントから発売。141分。カラー。ブルーレイは2381円＋税、ＤＶＤは1429円＋税

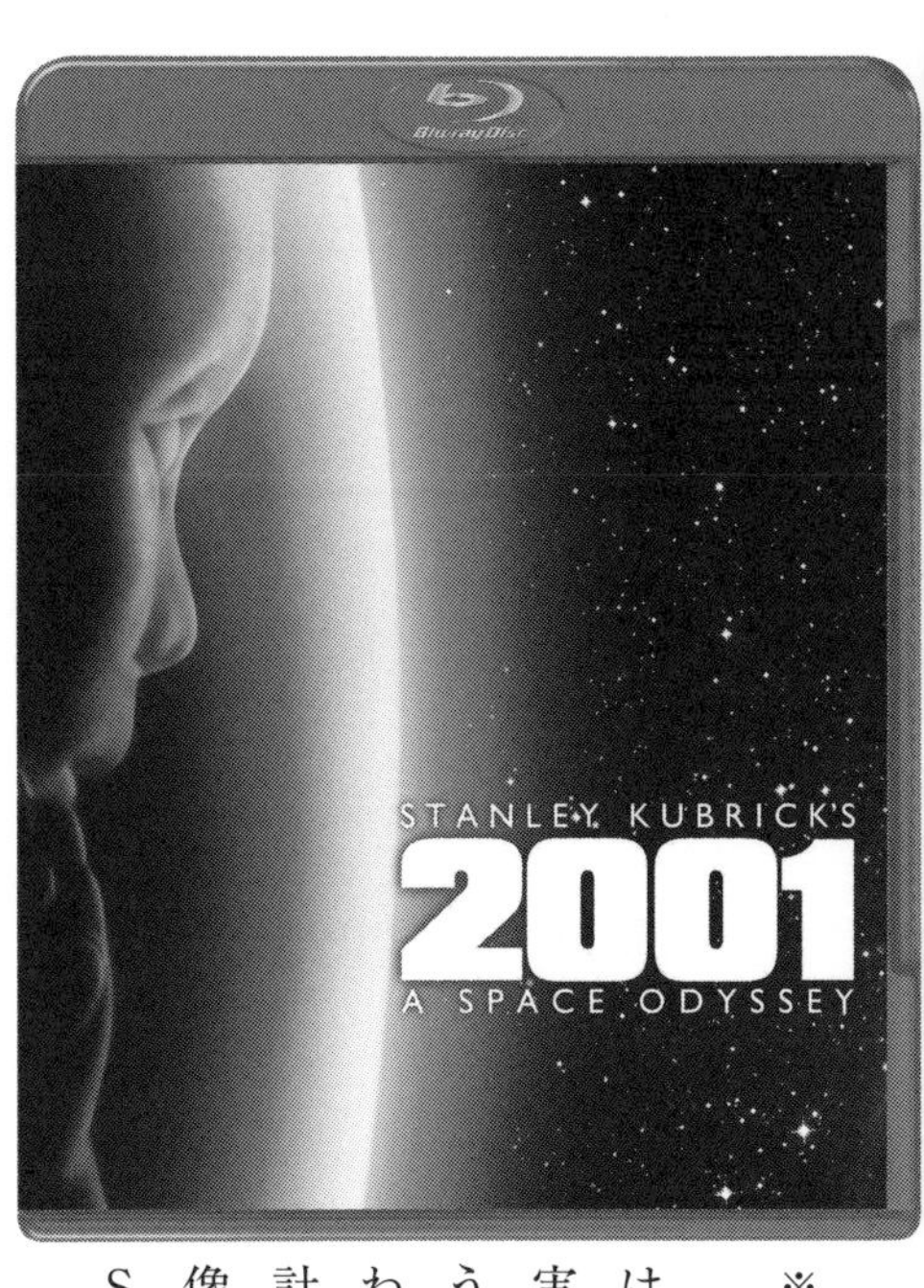

※最初の30分間はせりふがない。初めて見る人は、猿人の部分に違和感があるかもしれないが、実はこの黒い石板が、最後まで重要な役目を担う。予言的な内容や、CGのない時代にもかかわらずリアルな宇宙の映像に、圧倒される。余計な解説を排していることで、観客は自由に想像力を働かせることができる。まぎれもなく、SF映画の金字塔と言っていい。

最大の見どころは、宇宙船をつかさどる人工知能ハルと、人間との戦い。警報器のような赤いライトの微妙な明暗と声だけで、ハルを感情や人格を持つ存在に感じさせる演出はスリリングだ。

時がたつにつれ、そのすごさや価値を実感させられる作品である。

これを知るともっと見たくなる 美しく青きドナウ

「ツァラトゥストラはかく語りき」と並んで、印象的なのがヨハン・シュトラウス作曲のワルツ「美しく青きドナウ」だ。

宇宙時代に切り替わった場面で演奏されるのをはじめ、月へ向かう場面やエンドタイトルでも使われ、この作品と切り離せない音楽になっている。

人工知能ハルが歌う「デイジー・ベル」も強烈だ。英国のポピュラーソングで、実際に初めてコンピューターが歌った歌としても知られるが、映画では、ハルが分解される場面で、ハルの声優を務めたダグラス・レインが歌った。

▶米アカデミー賞で特殊視覚効果賞受賞。キネマ旬報ベスト・テン外国映画５位。

1969年　イギリス▼監督＝ケン・ローチ

『ケス』
ケン・ローチの初期の傑作

出演＝デビッド・ブラッドレイ、リン・ペリー、コリン・ウェランドほか。

ケン・ローチ監督の名前を知ったのは『リフ・ラフ』（1991年、日本公開は93年）だった。ロンドンで暮らす貧しい人々の愛や絶望を描いた映画から、サッチャー政権下の英国社会の閉塞感やドラッグ汚染の実態などがリアルに伝わってきた。

『ケス』は、『リフ・ラフ』の約20年前の作品。日本では96年になってようやく公開されたローチ監督初期の傑作だ。

英ヨークシャーの小さな町。15歳のビリーの家庭に安らぎはない。父親は行方不明、母親は無関心、炭鉱で働く兄は近所でも有名な乱暴者だ。

学校でも友人はおらず、教師はすぐに体罰をふるう。孤独なビリーは、ある日、ハヤブサのヒナを手に入れ、「ケス」と名付けて訓練する。

ビリーの唯一の理解者は、国語教師のファーシング（コリン・ウェランド）だ。彼の授業中に「自分の話」をするように促されたビリーは、普段の無気力な態度と全く違って、ケスの飼育について情熱的に語る。驚く級友たち。ビリーが初めて輝いた瞬間だ。だが……。

ビリーや家族、クラスメート、教師らの描写が、ドキュメンタリーのようにリアルで自然だ。

※ＤＶＤが20世紀フォックス　ホームエンターテイメント　ジャパンから発売中。

新聞配達をしながら学校に通うビリーは、頑張り屋だが、牛乳や本を平気で盗んでしまうような面も持っている。周りの大人たちは自分のことで手いっぱいで、他人に優しくする余裕はない。

ローチ監督は、そうした庶民の実像を、時にはユーモラスに、時には突き放しながら、淡々と描いていく。恵まれない環境で育ち、そこから脱出する手だてもないビリーにとって、ケスは自由の象徴だったのだろうか。

※

印象的なのは、ビリーがハヤブサの訓練法を調べたくて図書館に行くが、書類不備という理由で門前払いにされる場面だ。実は、カンヌ国際映画祭でパルムドールを受賞した最新作『わたしは、ダニエル・ブレイク』（2016年）にも、同じようなシーンがある。

形式にこだわり、弱者を切り捨てる。ローチ監督は、こうした官僚主義に異議を唱え続けてきたのだ。

これを知るともっと見たくなる　ケン・ローチ

『麦の穂をゆらす風』（2006年）、**『わたしは、ダニエル・ブレイク』**（16年）で、カンヌ国際映画祭の最高賞パルムドールを2度受賞している英国の名監督。

1936年生まれ。62年、BBC（英国放送協会）に入社。テレビドラマなどからスタートした。67年**『夜空に星のあるように』**で映画監督デビュー。長編第2作目の『ケス』は、英国アカデミー賞2部門で受賞した。

『レイニング・ストーンズ』（93年）がカンヌ国際映画祭審査員賞を受賞するなど、90年代には国際的な評価が高まり、2003年には、高松宮殿下記念世界文化賞を受賞している。

▶英国アカデミー賞（70年）で助演男優賞（ウェランド）、新人賞（ブラッドレイ）を受賞。キネマ旬報ベスト・テン外国映画（96年度）11位。109分。カラー。

1969年　旧ソ連▼監督＝ギオルギ・シェンゲラヤ　㉙

『放浪の画家ピロスマニ』

ぬくもりが心に残る

出演＝アフタンディル・ヴァラジ、ダヴィト・アバシゼ、ボリス・ツィプリアほか。

ジョージア（グルジア）の国民的な画家といわれるニコ・ピロスマニ（1862〜1918年）の絵を見たことがあるだろうか？

正面を向いて立つ人物や、真っすぐにこちらを見つめる動物、食卓を囲む人々などを素朴な筆致で描いた絵だ。平面的で幼稚に感じる人もいるかもしれないが、不思議な懐かしさと温かさに魅せられる人も多い。

ギオルギ・シェンゲラヤ監督『放浪の画家ピロスマニ』は、ピロスマニの半生とその絵の魅力を、背後にあるジョージアの風土や人々とともに、描いた作品だ。

世話になっていた家を出て行かざるを得なくなったニコ（アフタンディル・ヴァラジ）は、各地を転々としながら、独学で絵を描き続ける。数年後、友人のディミトリ（ボリス・ツィプリア）と乳製品を売る店を始めるが、商売には向いておらず、店を畳んでしまう。

その後は、酒場の壁に飾る絵や看板を描いて、日々の糧を得る生活。ある日、遠方からやってきた画家が、彼の絵の価値を見いだし、一時は町の名士になるが、新聞に酷評が載ったことで、周囲の人は離れていく……。

※写真出典：ウィキメディア・コモンズ

※

実際の出来事を基にしているが、説明的な伝記映画ではない。映画の魅力は、余分な説明を省き詩的でシンプルな力を持つ画面で、画家の魂を伝えているところにある。

家を出たニコが歩く川沿いの道。乳製品の店に掲げた2枚の牛の絵。酒場で独り、酒を飲むニコ。いくつもの心に残る場面がある。風任せの孤独な生活を案じた酒場の店主から、店で働くように勧められても断り「人生がおれを飲みそこなって、のどにひっかけてしまったのさ」とつぶやく。

「見知らぬ国や人々を知ることができる。それが映画の素晴らしさだね」。二十数年前、『男はつらいよ』を撮影中の渥美清さんから聞いた言葉を、なぜか思い出した。

「放浪の―」の中に、初めて見る風景や生活様式が、それほどたくさんあったせいだろう。それに、旅から旅へ、さすらいの人生を送る主人公が、寅さんと重なったせいかもしれない。ピロスマニの絵を見た時と同じように、ぬくもりが心に残る映画だ。

これを知るともっと見たくなる 「百万本のバラ」のモデル

ジョージアが、旧ソ連の構成国であった時代に作られ、大ヒット。日本でも加藤登紀子の歌などで知られる「百万本のバラ」は、マルガリータという女優へのピロスマニの恋を歌った、といわれている。

映画の中には、踊るマルガリータをピロスマニが見つめるシーンや、酒場の主人が、ピロスマニが描いたマルガリータの絵を指して「彼が好きだった女です」と説明する場面が出てくる。

1969年製作のこの映画は、ロシア語吹き替え版が78年に「ピロスマニ」のタイトルで、東京・岩波ホールで公開された。その後、2015年に『放浪の画家ピロスマニ』の邦題で、ジョージア語版が日本公開された。

▶キネマ旬報ベスト・テン（78年）外国映画4位。ブルーレイ、ＤＶＤがアイ・ヴィー・シーから発売。87分。カラー。ブルーレイは4800円＋税、ＤＶＤは3800円＋税

1969年　アメリカ▼監督＝デニス・ホッパー　30

『イージー・ライダー』

自由に生きるのは難しい

出演＝ピーター・フォンダ、デニス・ホッパー、ジャック・ニコルソンほか。

デニス・ホッパー監督『イージー・ライダー』は、1960年代後半の米国で花開いたヒッピー文化を象徴する作品だ。

いかにも低予算映画らしいオールロケの映像。行き当たりばったりの物語。ウエルメードという言葉とは対極にある作品だが、今見ても、みずみずしく好感が持てる。一連のアメリカン・ニューシネマの中でも、当時の若者たちの感覚や社会の空気を、最も素直に映し出しているからだろう。

バイク仲間のワイアット（ピーター・フォンダ）とビリー（ホッパー）は、メキシコから麻薬を密輸し大金を手に入れる。その金でハーレーダビッドソンを買った2人は、マルディグラ（謝肉祭）が行なわれるニューオーリンズを目指して、ロサンゼルスを出発する。

オートバイ2台での気ままな旅。カトリック信者の農民に食事をごちそうになったり、ヒッピーのコミューンに寄ったり、さまざまな出会いがある。だが、南部に入っていくにつれ、よそ者を拒絶する雰囲気が強まってくる。留置場で知り合ったアルコール依存症の弁護士ハンセン（ジャック・ニコルソン）と意気投合した2人は、ハンセンをハーレーの後部座席に乗せて旅を続けるが……。

長髪とひげという外観だけで、モーテルでは宿泊を拒否され、食堂では保安官や地元の男たちから

※写真出典：ウィキメディア・コモンズ

※

敵意をぶつけられる。

「（アメリカは）どうなっちまったんだ」とビリーがこぼすと、ハンセンが説明する。「（彼らが）怖がってるのは君が象徴してるものさ。君に〝自由〟を見るのさ」

映画が米国で公開されたのは1969年7月。ベトナム戦争が泥沼化し、反戦運動が広がっていた時期だ。この会話には、作り手のさまざまな思いが込められている。そして、それは半世紀たった今も、同じように胸に響く。世界は何も良くなっていないのだろうか。

寡黙なワイアットと、ワイルドなビリーの組み合わせが絶妙だった。ステッペンウルフの「ワイルドでいこう！」やザ・バンドの「ザ・ウェイト」などの名曲が、あの時代をよみがえらせてくれる。

デニス・ホッパーは2010年、74歳で、ピーター・フォンダは19年、79歳で、死去した。

これを知るともっと見たくなる　タランティーノ作品で言及

『イージー・ライダー』が米国で公開された翌月、ロサンゼルスでは、カルト集団のメンバーが、ロマン・ポランスキー監督の妻で女優のシャロン・テートらを惨殺する事件が起きた。

この事件を扱ったクェンティン・タランティーノ監督の2019年の作品『**ワンス・アポン・ア・タイム・イン・ハリウッド**』では、落ち目のハリウッド俳優役のレオナルド・ディカプリオが、ヒッピーふうの若者を「デニス・ホッパーめ！」とののしる場面がある。『イージー・ライダー』は、当時それほど大ヒットしたのだ。

▶カンヌ国際映画祭で新人監督賞受賞。キネマ旬報ベスト・テン外国映画１位。ブルーレイ、ＤＶＤがソニー・ピクチャーズ　エンタテインメントから発売。95分。カラー。ブルーレイは2381円＋税、ＤＶＤは1410円＋税

31 『小さな巨人』

先住民の視点で描く開拓使

出演＝ダスティン・ホフマン、フェイ・ダナウェイ、チーフ・ダン・ジョージほか。

ほら話は楽しい。西部開拓時代の米国では、たき火を囲んで酒を飲みながら、ほら話を面白おかしく語る風習があったという。トールテール（tall tale）と呼ばれるこのほら話は、米国文学の一つの流れとして引き継がれている。

アーサー・ペン監督『小さな巨人』は、まさにトールテールの魅力にあふれた作品だ。娯楽作でありながら、ほら話だからこそ可能な鋭い文明批評を内包した作品になっている。

ジャック・クラブ（ダスティン・ホフマン）は121歳。1876年にカスター将軍が率いた米陸軍騎兵隊が先住民インディアンと戦い全滅したとき、「ただ1人、生き残った白人」だという。

老人ホームを訪れた歴史家のインタビューに対して、クラブは、10歳のとき、ポーニー族のインディアンに両親が殺され、シャイアン族に救われたことから語り始める。

その後、インディアンと白人の社会を何度も行き来した彼は、カスター将軍（リチャード・マリガン）や、ガンマンとして名高いワイルド・ビル・ヒコック（ジェフ・コーリー）、美しく誘惑的な牧師の妻（フェイ・ダナウェイ）など、さまざまな人物と出会う。

その中で、最も魅力的なのは、幼い彼の養父となり、「小さな巨人」という名前を与えてくれたシャ

※ＤＶＤがＮＢＣユニバーサル・エンターテイメントから発売。139分。カラー。ＤＶＤは1429円＋税。
※2020年3月の情報です。

※

イアン族の首長「テントの皮」（チーフ・ダン・ジョージ）だ。
ある日、白人に虐殺されたインディアンの集落で、クラブが「白人はなぜ、女子どもを殺すのか」と尋ねると、首長は答える。「白人はわれわれ〝にんげん〟とは違う。地球の中心がどこかを知らんらしい」

この映画がベトナム戦争渦中の１９７０年に公開されたことを思えば、ここで描かれている米軍の暴虐が、そのままベトナム戦争の批判になっていることがわかる。『俺たちに明日はない』のペン監督による、アメリカン・ニューシネマのもう一本の傑作と言えよう。ホフマンも、彼以外では難しかったかもしれない「小さな巨人」を見事に演じている。ほら話には欠かせないエロチックな自慢話もほほえましい。

これを知るともっと見たくなる
今日は死ぬにはいい日

首長は、体が小さいのを悩んでいるクラブに、昔、部族にいた「偉大な小さな男」の話をする。勇猛な戦いぶりを恐れた敵が、もうやめようと提案したが、彼は「今日は死ぬにはいい日」と答え、戦い続けたという。

この印象的なフレーズは、その後も何度か、映画の中で出てくる。以前「今日は死ぬのにもってこいの日」というプエブロ族の古老の詩（金関寿夫訳）を読んだことがあったが、これは死を穏やかに受け入れるイメージだった。映画とはニュアンスは異なるが、もしかして、北米先住民に言い伝えられていた言葉だったのだろうか。

▶キネマ旬報ベスト・テン外国映画３位。

『激突！』
若きスピルバーグの傑作

出演＝デニス・ウィーバー、ジャクリーン・スコット、ルシル・ベンソンほか。

『カメラを止めるな！』というゾンビ映画の大ヒットが、2018年に話題になった。これが劇場用長編映画デビューの上田慎一郎監督が、8日間で撮った低予算映画だった。

そのニュースが流れた時、思い出したのが、スティーブン・スピルバーグ監督『激突！』だ。巨大なタンクローリーから異常なあおり運転のターゲットにされた運転者の恐怖を、ノンストップで描いた傑作サスペンス。元々テレビ映画として製作され、20代前半で無名だったスピルバーグが、わずか十数日の撮影期間、約20日の編集期間で完成させた作品だ。

1971年11月に米国で放送されると、大反響を呼び、追加撮影分を加えた劇場版が73年、日本や欧州で公開された。

スピルバーグは、この成功がきっかけで活躍の場を広げ、75年の『ジョーズ』で、世界にその名をとどろかせる。まさに『激突！』は大監督への道を開いた作品なのだ。

主人公は、セールスマンのデイビッド・マン（デニス・ウィーバー）。その朝いつものように、自分の赤い乗用車で自宅を出た彼は、商談の目的地に向かう。がらがらのハイウエーを好調に飛ばしていた彼は、前をのろのろ走っている大型タンクローリーを何の気なしに追い越した。それが、災難の

※ＤＶＤ、ブルーレイがＮＢＣユニバーサル・エンターテイメントから発売。89分。カラー。ＤＶＤは1429円＋税、ブルーレイは1886円＋税。※2020年3月の情報です。

※

始まりだった……。

決して奇想天外な物語ではない。誰にでも起きそうな出来事が、とんでもない事態に発展していく。その話の進め方と、見せ方が抜群にうまい。

「Ｄｕｅｌ」（決闘）という原題通り、主人公と大型タンクローリーの運転手が対決するドラマだが、敵役の運転手は靴と手しか映されない。それも、かえって不気味な恐怖をかき立てる。

最初は、自分もカッとなって「抜きつ抜かれつ」をしてしまった主人公が反省しても、絶対に許してくれない。殺意をむき出しにして、執拗に主人公の車を付け回す。

猛烈なスピードで迫ってくるタンクローリーの怪物的な怖さは、『ジョーズ』の巨大なサメや『ジュラシック・パーク』の恐竜につながっている。そうした意味でも、スピルバーグの原点と言える作品なのだろう。

これを知るともっと見たくなる　実際の出来事が基に

原作は、米プレイボーイ誌に掲載されたリチャード・マシスンの小説。ケネディ米大統領が暗殺された日（１９６３年11月22日）、ゴルフをしていたマシスンは、ニュースを聞いてプレーを中止、友人と車で帰宅しようとした。ところが、途中で大型トラックにあおられ、マシスンの乗った車はスピンして側道に突っ込み、その鼻先をトラックがかすめて行った。

この恐怖の体験が、そのまま小説につながったという。

スピルバーグ監督『激突！』の脚本も書いたマシスンは、ＤＶＤに収録された特典映像で、こうした経緯を話している。

▶キネマ旬報ベスト・テン外国映画８位。

33

1971年　イギリス・アメリカ▼監督＝スタンリー・キューブリック

『時計じかけのオレンジ』
過激な暴力表現が論争呼ぶ

出演＝マルコム・マクダウェル、パトリック・マギー、マイケル・ベイツほか。

優れた映画監督は、神が天地を創造するかのように、映画の中の世界を創り出すことができる。スタンリー・キューブリック監督がその一人だ。

彼が残した13本の長編映画の中で、最大の問題作が、『時計じかけのオレンジ』だ。『2001年宇宙の旅』の3年後に公開されると、過激な暴力表現をめぐり、賛否両論の渦が巻き起こった。

舞台は近未来のロンドン。アレックス（マルコム・マクダウェル）と3人の不良仲間は、たまり場で英気を養った後、「超暴力」を大放出する。老ホームレスを痛めつけ、ライバルグループと乱闘し、作家の家を襲撃して「雨に唄えば」を歌いながら妻をレイプする。

開始早々、一味の凶悪な行動が立て続けに描かれる。見るに堪えないおぞましい犯罪なのに、カラフルな背景や演劇的な動きなどで、残虐さが薄められている。付けまつげを右目に付け、山高帽をかぶり、股間にプロテクターを着けたアレックスが、ポップアーティストのように見えるのも、それに一役買っている。

もしかすると、この出だしで見るのをやめる人がいるかもしれない。それほど衝撃的な暴力だ。

だが、中盤以降、物語は大きく転調する。逮捕され、刑務所に収容されたアレックスは、政府によ

※写真出典：ウィキメディア・コモンズ

※る実験療法を受ける。その結果、暴力や性暴力などの「悪」に対して反射的に拒否反応を起こすようになり、「善人に矯正」されて釈放される。

最後まで見ると、この映画は決して暴力を肯定的に描いているわけではない、というキューブリックの主張が理解できるようになる。確かに、アレックスは邪悪極まりない犯罪者だ。だが、国家が彼の人格を奪い、まるで「時計じかけのオレンジ」のような奇妙な人間に変えていいのか？　拒否反応のために「悪」を行えない人間を、本当に「善人」と呼べるのか？

人間の心には悪が潜み、性や暴力の衝動がある。キューブリックは、さまざまな作品でこのことを描いてきた。しかし、もっと怖いのは、個人の自由を圧殺する巨大な権力だ。悪夢のようなこの映画には、そんなメッセージも込められている。

これを知るともっと見たくなる　体を張った演技

主演のマルコム・マクダウェルは、１９４３年生まれ。69年のカンヌ国際映画祭で最高賞を受賞した『**ｉｆ もしも…**』で、体制に反抗する学生を演じたことがきっかけで、キューブリックに抜てきされた。

初めて体験するキューブリックの撮影現場がいかに過酷だったか。療法のために器具で目を大きく開け続けさせられるシーンでは、両目の角膜が傷つき、水槽に首を突っ込まれるシーンでは、呼吸器具が壊れて危うく溺死しそうになったことなどを、マクダウェル自身が後年、明らかにしている。まさに、体を張った演技だったのだ。

▶キネマ旬報ベスト・テン外国映画４位。ブルーレイ、ＤＶＤがワーナー・ブラザース　ホームエンターテイメントから発売。137分。カラー。ブルーレイは2381円＋税、ＤＶＤは1429円＋税

1972年　アメリカ▼監督＝フランシス・フォード・コッポラ　㉞

『ゴッドファーザー』
何という面白さ

出演＝マーロン・ブランド、アル・パチーノ、ジェームズ・カーンほか。

ギャング映画の傑作、フランシス・フォード・コッポラ監督『ゴッドファーザー』を、久しぶりにじっくり見直して、あまりの面白さにうなってしまった。

公開から半世紀近くたっても古びないわけは、組織間の争いや父と息子の関係など、不変のテーマが扱われているためでもあるだろう。だが、最大の理由は、主演のマーロン・ブランド、アル・パチーノから脇役にいたるまで、見事に決まった配役の妙にある。とにかく男たちが魅力的で、彼らが犯罪組織のメンバーであることを忘れて、感情移入してしまう。

1945年、米ニューヨークの有力マフィア、コルレオーネ家。末娘の結婚式の最中も、一家の主、ビト（ブランド）の元には、陳情者が絶えない。援助を求める彼らに、ビトは、ゴッドファーザー（名付け親）としての敬意を自分に払うなら助けよう、と約束する。

周りを固めるのは、直情的な長男ソニー（ジェームズ・カーン）、気弱な次男フレド（ジョン・カザール）、養子で弁護士のトム（ロバート・デュバル）だ。三男マイケル（パチーノ）は大学に進み、第2次大戦の英雄として帰国。ビトは、マイケルが政治家になり「表の世界で人や社会を操る」ことを願っている。

 ※ 2020 年 3 月の情報です。

だが、対立組織の麻薬密売から抗争が始まる。そして、マイケルがビトの後を継ぐことになる。

ブランドの風格あるたたずまいが魅力的だ。子どもやファミリーを愛し、抗争を避けようとする平和的な顔の一方で、体を張って闘い続けてきた男のすごみも見せる。大きな流れになるのは、マイケルが、マフィアのドンに〝成長〟していく物語だ。もともと家業を嫌っていたマイケルが、ファミリーを守るために父親以上に冷酷な権力者になっていく姿を、パチーノが好演している。

組織に逆らった相手を脅すために「馬の生首」を使い、さまざまな方法で裏切り者を消す。ショッキングな場面も多いが、大人の娯楽映画としては許容範囲だろう。

ニーノ・ロータ作曲のテーマ曲が哀愁を誘う。１７７分を一気に見終わった後、すぐに『ＰＡＲＴⅡ』を見たくなってしまう。

※

これを知るともっと見たくなる

アカデミー賞受賞を拒否

１９７３年3月27日に行われた第45回アカデミー賞授賞式で、主演男優賞はマーロン・ブランドと発表された。だが、ブランドは欠席。代理で壇上に上がったネーティブアメリカンの衣装を着た女性は、オスカーの受け取りを拒否。その理由が、人種差別への抗議であると述べた。女性とブランドは芸能マスコミなどから非難を浴びる。だが、数カ月後、テレビ番組に出たブランドは「映画業界はすべてのマイノリティーを差別的に描いてきた」と、持論を堂々と展開した。

ブランドは54年の『**波止場**』で同賞を受賞。受賞拒否後も、アカデミー賞に2回ノミネートされている。

▶米アカデミー賞で作品賞、主演男優賞、脚色賞受賞。キネマ旬報ベスト・テン外国映画８位。ブルーレイ、ＤＶＤがＮＢＣユニバーサル・エンターテイメントから発売。177分。カラー。ブルーレイは1886円＋税、ＤＶＤは1429円＋税

1972年　旧ソ連▼監督＝アンドレイ・タルコフスキー　35

『惑星ソラリス』
思索の楽しさ教えてくれる

出演＝ドナータス・バニオニス、ナタリア・ボンダルチュク、アナトリー・ソロニーツィンほか。

映画はさまざまな喜びを与えてくれる。

旧ソ連のアンドレイ・タルコフスキー監督のＳＦ映画『惑星ソラリス』を初めて見た時、そんな実感があった。

ハリウッド映画に比べてスローで難解なのだが、見ているうちに、作品に触発されてさまざまな想念が湧いてくる。やがて、こうして思索することの楽しさを教えてくれるのが、この映画の素晴らしさなのだと気付いた。乾いた心に水を注いでくれるような作品だった。

人類が宇宙に進出している未来。雲と海に覆われた謎の星、惑星ソラリスの研究が始まっている。だが、ソラリスの軌道上にある宇宙ステーションで異常が起き、心理学者のクリス（ドナータス・バニオニス）が調査のために派遣される。

ステーションに着いたクリスは、荒廃した内部で2人の科学者に会う。彼らはおびえ、何かを隠しているように見える。そして、クリスの前に10年前に自殺した妻ハリー（ナタリア・ボンダルチュク）が現れる。思考能力を持つソラリスの海が、クリスの潜在意識を実体化して送ったのだ……。

映画は、水中で揺れる水草の美しい映像から始まる。鳥の鳴き声がし、草むらに立つクリスが物思

※ＤＶＤがアイ・ヴィー・シーから発売。166分。カラー。ＤＶＤは4110円＋税

いにふけっている。始まりのこのシーンで、気持ちよく眠ってしまったという友人もいた。

確かに『スター・ウォーズ』や『エイリアン』のようなわかりやすい映画ではない。なぜクリスが1人で派遣されるのかとか、宇宙で革ジャンを着ているのはおかしくないのかとか、突っ込みどころもたくさんある。

だが、この映画には、それらすべてを超える魅力がある。〝幻〟でありながら妻のような愛情を示すハリーに、クリスは次第に愛を抱くようになる。それは、クローン人間や神につながる問題も考えさせる。

原作はポーランドの作家スタニスワフ・レムの長編小説『ソラリスの陽のもとに』。宇宙を舞台にしながら、人間の内面をテーマにしているという点で、スタンリー・キューブリック監督『2001年宇宙の旅』と、見比べるのも一興だ。東京の首都高速道路が、意外な場面で出てくるのも面白い。

※

これを知るともっと見たくなる

アンドレイ・タルコフスキー

1932~86年。旧ソ連を代表する映画監督の一人。長編第1作『**僕の村は戦場だった**』（62年）がベネチア国際映画祭で最高賞の金獅子賞を受賞。だが、次作『**アンドレイ・ルブリョフ**』は歴史解釈を批判され、国内の一般上映が禁止されるなど、当局の検閲に苦しんだ。80年代初めにソ連を出国し、事実上の亡命を宣言。その後母国には戻らず、パリで客死した。他の作品に『**鏡**』『**ストーカー**』など。『惑星ソラリス』の海のように、「水」が重要なモチーフとして描かれることが多い。哲学的で、精神性を感じさせる作品は、今も世界各国で愛されている。

▶カンヌ国際映画祭審査員特別賞受賞。キネマ旬報ベスト・テン（1977年）外国映画5位。

36 1973年 アメリカ▼監督＝ジェリー・シャッツバーグ

『スケアクロウ』

「アメリカ」が見えてくる

出演＝ジーン・ハックマン、アル・パチーノ、ドロシー・トリスタンほか。

人生につまずいた2人の男が偶然出会い、一緒に旅をする中で、友情を育んでいく。ジェリー・シャッツバーグ監督『スケアクロウ』は、『イージー・ライダー』や『真夜中のカーボーイ』と同じく、放浪や男たちの友情を扱ったアメリカン・ニューシネマの秀作だ。

米カリフォルニア州の幹線道路。ヒッチハイクをしようとしている2人の男がいる。大男のマックス（ジーン・ハックマン）は傷害事件で6年の刑期を終えて出所したばかり。小柄なフランシス（アル・パチーノ）は、妊娠中の妻を置き去りにして船員になったが、5年ぶりに妻の元に戻ろうとしているところだ。

一緒の車に乗せてもらった2人は、やがて意気投合。マックスはフランシスを「ライオン」と呼び、ピッツバーグで開業する予定の洗車場の相棒になるように誘う。そして、2人はマックスの妹が住むデンバー、ライオンの妻が住むデトロイトを経由し、ピッツバーグを目指そうとする。

広大な北米大陸を西から東に横断する旅。主役2人を含め、ほとんどの登場人物が中下層の白人という作品からは、ニューヨークやロサンゼルスを舞台にした映画とは全く異なる「アメリカ」が見えてくる。

※ＤＶＤがワーナー・ブラザース　ホームエンターテイメントから発売。112分。カラー。ＤＶＤは1429円＋税。

※

厳しい労働に明け暮れ、夜は酒場で疲れを癒やし、おそらく人生の大半を生まれた町の周辺で過ごすであろう人々。そうしたアメリカ人をありのままに描いていると思えるのが、この映画の最大の魅力だろう。それが、カンヌ国際映画祭で最高賞のパルムドールを受賞した理由かもしれない。

もちろん、主役の2人は抜群だ。外見も対照的だが、演技でも、さまざまな技を繰り出すパチーノと、それを受け止めるハックマンのコンビネーションが絶妙だ。

題名の「スケアクロウ」は、カラス（クロウ）を怖がらせる（スケア）「かかし」を意味する。なぜカラスが来ないかという理由に託して、ライオンが披露する人生の哲学が、マックスに影響を与える部分も見どころだ。

これを知るともっと見たくなる 『傷だらけの天使』の原点

1974年から75年にかけて、日本テレビ系で放送された**『傷だらけの天使』**は、萩原健一、水谷豊主演の人気探偵ドラマだ。

2017年に萩原にインタビューしたとき「今まで話したことがなかったんだけど、実は『傷だらけの天使』は『スケアクロウ』に刺激を受けて実現した企画だった」と聞かされ、驚いた。

そういえば、萩原が演じた主人公は、離れて暮らす幼い男の子がいるという設定。『スケアクロウ』でアル・パチーノが演じたライオンと同じだ。この映画の大きな影響力を示すエピソードだと言えよう。

▶カンヌ国際映画祭最高賞（パルムドール）受賞。

1973年　イタリア・フランス▼監督＝フェデリコ・フェリーニ ㊲

『フェリーニのアマルコルド』

懐かしい日々コラージュで

出演＝ブルーノ・ザニン、マガリ・ノエル、プペラ・マッジオほか。

ポプラの綿毛が風に乗って空を舞い始めると、人々は春の訪れを知る。そして、枯れ木をうずたかく積み上げ、「冬の魔女の人形」を置いて、火を放つ。冬を焼き尽くす祭りに歓声が湧く。イタリアの巨匠フェデリコ・フェリーニ監督が、故郷の港町リミニを舞台に撮った『フェリーニのアマルコルド』は、いかにもイタリア人らしい陽気な場面から始まる。

アマルコルドとは、リミニ地方の古い言葉で「私は覚えている」という意味だ。その題名通り、1930年代のリミニの1年間を描いたこの映画には、フェリーニの少年時代の思い出が詰まっている。懐かしい日々の記憶はときにはデフォルメされ、ときには戯画化され、コラージュのように貼り付けられている。

多彩な登場人物の中で中心になるのは、15歳の少年チッタ（ブルーノ・ザニン）とその家族。学校、家庭、教会、そして映画館。さまざまな場所でチッタは人生を学び、大人への階段を上っていく。町一番の美女グラディスカ（マガリ・ノエル）や、豊満なたばこ店の女主人との交流など、フェリーニ好みの甘酸っぱい思春期の性のエピソードも満載だ。町民総出の豪華客船見物や公道カーレース、グラディスカの結婚式。幾つものお祭り騒ぎに交じって、ファシズムへの熱狂も描かれている。

※写真出典：ウィキメディア・コモンズ

※

独裁体制を固めたムソリーニに対して、批判的な発言をしたチッタの父親は密告され、連行されて、ひまし油を無理やり飲まされる。普段はさほど政治的なテーマを扱わないフェリーニ作品だけに、かえって重く訴えかけてくるものがあった。

映画は、再び綿毛が舞う季節で終わる。フェリーニ監督が描く世界は、いつも無秩序でわい雑だ。そして、表面的な狂騒の裏には、喪失と死という重い主題が横たわっている。見終わった時、生きるとは、この混沌たる世界をそのまま受け入れることかもしれない、と思わせるのが、この映画の力なのだろう。

フェリーニ作品に欠かせないニーノ・ロータの音楽が、本作も素晴らしい。哀愁に満ちていながら、軽みと祝祭感がある。それが、映画の中身とぴったり合っている。

これを知るともっと見たくなる あの名画でも母親役

出演者は地味だ。セクシーな美女グラディスカ役のマガリ・ノエル（『**甘い生活**』のダンサー役などで活躍）以外は、有名な俳優はいない。

だが、チッタの母親を演じたプペラ・マッジオ（1910〜99年）は、実は『**ニュー・シネマ・パラダイス**』（88年）でも、主人公の老いた母親役を好演している。

映画監督として成功した主人公が、シチリアに30年ぶりに帰郷。編み物をしていた母親は喜んで、毛糸を引っ掛けたまま息子の元へ歩き出し、編みかけのセーターがほどけていく。そんな名場面もあった。

映画はこんな発見があるのも楽しい。

▶米アカデミー賞外国語映画賞などを受賞。キネマ旬報ベスト・テン外国映画1位。４Ｋ修復版のブルーレイ、ＤＶＤがＷＯＷＯＷプラスより発売（販売は株式会社ＫＡＤＯＫＡＷＡ）。125分。カラー。ブルーレイは4800円＋税、ＤＶＤは3800円＋税

1973年　アメリカ▼監督＝ロバート・アルトマン

38

『ロング・グッドバイ』

これぞハードボイルド

出演＝エリオット・グールド、ニーナ・バン・プラント、スターリング・ヘイドンほか。

ロバート・アルトマン監督『ロング・グッドバイ』は、映画と小説の違いを考えるために、絶好の教材になる作品だ。

原作は、米国の作家レイモンド・チャンドラーの長編小説。主人公は、おなじみのタフでクールな私立探偵フィリップ・マーロウ。翻訳した村上春樹さんが「別格の存在」（早川書房刊『ロング・グッドバイ』訳者あとがき）と絶賛する魅力的な小説だ。

アルトマン監督は「1950年代のロサンゼルス」という原作の設定を、現在（＝70年代）に変更し、こんなふうに映画を始める。

午前3時、靴をはいたまま自宅のベッドで寝ていたマーロウ（エリオット・グールド）は、腹をすかせた猫に起こされる。キャットフードを買って帰ると、友人のテリー・レノックス（ジム・バウトン）が訪ねてくる。「追われている」と言う彼を深い事情は問いたださずに、メキシコのティフアナまで車で送り、帰宅したマーロウを待っていたのは刑事だった。レノックスに妻殺害の容疑がかかっていたのだ。この導入部だけで、映画が原作といかに違うかが、よくわかる。

小説には登場しない「猫」のかわいがり方が、マーロウの優しさと孤独を表現している。やはり、

※ＤＶＤが20世紀フォックス　ホームエンターテイメント　ジャパンから発売中。

映画のオリジナルである隣人の若いダンサーたちからは、ハリウッド周辺の雰囲気が伝わってくる。さらに、重要なのは、原作では詳しく書かれているレノックスとマーロウの交流が、大幅にカットされていることだ。こうした点から、小説のファンの中には、この映画を評価しない声もあるようだ。だが、そこに過度にこだわらなければ、この映画が原作を大胆に変更、省略したことで、ハードボイルドの魂を見事に映像化したと評価できると思う。

主役のグールドは地味だが「けんかも酒も強く、権力を振りかざす人間は大嫌いだが、弱い人間には優しい」というハードボイルドな探偵にぴったりだった。長身でいつもたばこをくわえ、ぼそぼそとしゃべる姿から、松田優作の探偵ものを思い出す人もいるだろう。他のマーロウ作品と併せて見るのも楽しい。

これを知るともっと見たくなる

マーロウを演じた名優たち

私立探偵フィリップ・マーロウは、レイモンド・チャンドラーのいくつかの短編小説に現れた後、初長編『大いなる眠り』で本格的に登場する。チャンドラーは『さらば愛しき女よ』『プレイバック』など、マーロウを主人公とした7冊の長編小説を書いた。

テレビドラマや映画になった作品も多い。このエリオット・グールド以外では、**『三つ数えろ』**（原作は『大いなる眠り』）のハンフリー・ボガート、**『さらば愛しき女よ』『大いなる眠り』**のロバート・ミッチャムがそれぞれのマーロウを印象的に演じている。

▶113分。カラー。

39

1973年　アメリカ▼監督＝ジョージ・ルーカス

『アメリカン・グラフィティ』

楽しかったね、あの夏は

出演＝リチャード・ドレイファス、ロン・ハワード、ポール・ル・マットほか。

青春映画に感動するのは若者ばかりではない。ジョージ・ルーカス監督『アメリカン・グラフィティ』を古希が近くなって見直し、若いころよりはるかに共感を覚えた。

4人の少年の一夜の出来事を描いただけの映画なのに、懐かしさや切なさで胸がいっぱいになった。ピーター・ボグダノヴィッチ監督『ラスト・ショー』と並ぶ、米国青春映画の傑作だ。

1960年代初め、米国カリフォルニア州の小さな町。高校を卒業し、翌日は東部の大学へ旅立つカート（リチャード・ドレイファス）とスティーブ（ロン・ハワード）は、遊び仲間のジョン（ポール・ル・マット）やテリー（チャールズ・マーティン・スミス）と落ち合い、それぞれの車に乗って、夏の終わりの一夜の冒険に出掛ける。

カーラジオから流れてくるのは、伝説的なDJ、ウルフマン・ジャック（本人が出演）のトークと当時のヒット曲だ。デル・シャノンの「悲しき街角」をはじめ、名曲が次々に楽しめる。

恋人との別れ話で悩むスティーブ。白いサンダーバードに乗った美女に心を奪われるカート。ボブ（ハリソン・フォード）に挑まれたスピード競争に臨むジョン。ナンパしたデビー（キャンディ・クラーク）と仲良くなるテリー。いろんな出来事が並行して進むが、ぐっとくるのは、バカなことをやった

※ブルーレイ、DVDがNBCユニバーサル・エンターテイメントから発売。112分。カラー。ブルーレイは1886円＋税、DVDは1429円＋税。 ※2020年3月の情報です。

揚げ句、２人組の男に殴られて落ち込んでいるテリーに、デビーが掛ける言葉だ。

「今夜は楽しかったわ。最高に面白かった」

それまでは、遊び好きな軽い女の子だと思っていたデビーが、天使に見える瞬間だ。テリーも返す。「あの程度なら毎晩さ」。その気持ちはよくわかる。青春の真っただ中には、こんなバカ騒ぎを永遠に続けられると思っていたものだ。

※

映画のラストに４人のその後が字幕で表示され、テリーは65年にベトナムで戦闘中、行方不明になったと文字が出る。

ルーカス監督は、この映画で描いたのが、米国がベトナムに本格的に軍事介入する以前の、平和な時代の青春だったことに注意を促す。それが深い余韻を残す。

これを知るともっと見たくなる　ザ・ビーチ・ボーイズ

音楽で印象的なのは、ザ・ビーチ・ボーイズ。

劇中のウルフマン・ジャックのＤＪで「ニューグループ」と紹介され、デビューアルバム『サーフィン・サファリ』に収録された同名の曲が流れる。エンディングでも「オール・サマー・ロング」が流れてくる。「夏じゅう　ずっと楽しかったね　夏じゅう　ずっと君と一緒」「でも　もうすぐ夏は終わる」

青い海、サーフィン、ビキニの水着の若い女性、車……。米国西海岸の若者たちを歌った彼らの音楽は、日本でも大ヒットした。

『家族の肖像』

ミニシアターの歴史を開く

出演＝バート・ランカスター、ヘルムート・バーガー、シルバーナ・マンガーノほか。

1978年11月、東京・神田神保町の岩波ホールで公開されたルキノ・ヴィスコンティ監督『家族の肖像』は、日本の映画史に大きな足跡を残した作品だ。

本国イタリアより4年遅れで公開されると、連日満員が続く大ヒットになった。これがきっかけで、日本未公開だった『ルードヴィヒ』や再公開の『山猫』が同ホールで相次いで上映されるなど、ヴィスコンティブームが到来。さらに、同ホールの後を追うように、個性的な映画館が各地で開館し、80年代のミニシアター・ブームが花開いた。

イタリアの首都ローマ。年老いた教授（バート・ランカスター）が、母親から相続した大邸宅で、家政婦とひっそり暮らしている。趣味は、18世紀の英国で人気を集めた「カンバセーションピース」と呼ばれる家族を描いた肖像画の収集だ。

ある日、ビアンカという女性（シルバーナ・マンガーノ）が現れ、「空いている上の階の部屋を貸してくれ」と強引に迫る。教授は断るが、ビアンカの娘やその婚約者らが次から次に登場し、ついにビアンカの愛人の美青年コンラッド（ヘルムート・バーガー）が上の階に住み着いてしまう。

前半は異常な緊張感がある。侵入者たちは、人間嫌いを表明しながら家族の肖像画を集めている教

※写真出典：ウィキメディア・コモンズ

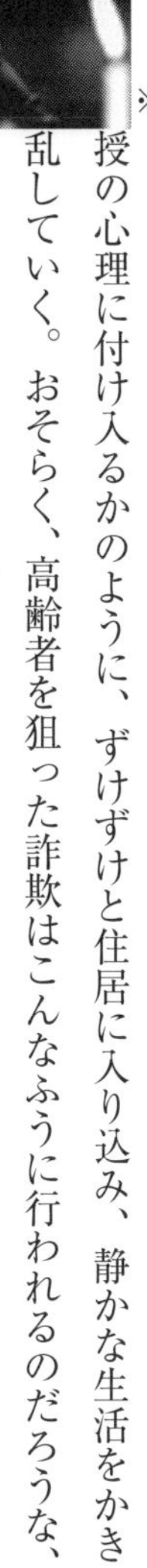
※

授の心理に付け入るかのように、ずけずけと住居に入り込み、静かな生活をかき乱していく。おそらく、高齢者を狙った詐欺はこんなふうに行われるのだろうな、と思わせるリアリティーがある。

だが、この映画ではその種の犯罪が起きるわけではない。教授は、他者との出会いがきっかけで、世間と隔絶してきた自分の生き方が正しかったのかと自問する。それは、初期の社会派から貴族的な作品に転じたヴィスコンティ監督自身の問題でもあったのだろう。

前作の編集中に脳血栓で倒れた監督の体験が反映し、死が色濃く影を落としている。しかも、教授が暮らす住居だけで、ほぼ全編が進む室内劇だ。こうした地味で内省的な作品が大ヒットしたのは、四十数年前の日本の観客が今よりずっと大人だったということだろうか。

これを知るともっと見たくなる　華麗な出演者たち

老教授役のバート・ランカスターは、1963年の『**山猫**』でも、ヴィスコンティ監督自身を投影したかのような誇り高い貴族を演じている。

コンラッド役のヘルムート・バーガーは、その美しさでヴィスコンティに愛され、『**地獄に堕ちた勇者ども**』や『**ルードヴィヒ**』で退廃的な魅力を披露している。

この2人の競演に加え、かつては『**にがい米**』のセクシーな演技で人気を集めたシルバーナ・マンガーノが、ビアンカ役で出演。華麗な顔触れを眺めるだけでも楽しい。マンガーノは、『**ベニスに死す**』の美少年の母親役をはじめ、『ルードヴィヒ』などのヴィスコンティ作品でも活躍した。

▶キネマ旬報ベスト・テン外国映画１位（１９７８年度）。「デジタル完全修復版」のブルーレイ、ＤＶＤが株式会社ＩＭＡＧＩＣＡ　ＴＶより発売（販売は株式会社ＫＡＤＯＫＡＷＡ）。121分。カラー。ブルーレイは5800円＋税、ＤＶＤは3800円＋税

1974年　イギリス・アメリカ▼監督＝シドニー・ルメット ㊶

『オリエント急行殺人事件』

豪華でわくわくする娯楽作

出演＝アルバート・フィニー、ローレン・バコール、イングリッド・バーグマンほか。

定年退職したら、のんびりミステリーを読んで好きな将棋の勉強をしたい。それが口癖だった父は定年直後、重い病気になり、あっけなく死んでしまった。多くの同世代の日本の父親と同じく、働きづめの人生だった。

幼いころ、正月休みに満員の映画館に連れて行ってくれた父と、今、一緒に見られれば楽しいだろうなと思う映画がある。例えば、このシドニー・ルメット監督『オリエント急行殺人事件』だ。

原作は、「ミステリーの女王」と呼ばれた英国の推理作家アガサ・クリスティの代表作。舞台は、トルコのイスタンブールとフランスのカレーを結ぶ国際列車オリエント急行。その豪華な寝台車で殺人事件が起き、たまたま乗り合わせていたおなじみのベルギー人の私立探偵エルキュール・ポワロが「灰色の脳細胞」を働かせて推理する。

これだけでも、魅力たっぷりだが、すごいのが、出演者の顔ぶれだ。

『カサブランカ』のイングリッド・バーグマン、ハンフリー・ボガートの妻で『三つ数えろ』などのローレン・バコール、初代ジェームズ・ボンド役のショーン・コネリー、『サイコ』のアンソニー・パーキンス、西部劇の名悪役で鳴らしたリチャード・ウィドマークら、映画史を飾るスターたちがいずれ

※写真出典：ウィキメディア・コモンズ

も寝台車の乗客役で出演している。

そうしたきらびやかな名前に比べると、ポワロ役のアルバート・フィニーは地味に感じられるかもしれない。だが、じつは、映画の成功は、彼の演技力に負うところが大きかった。ＤＶＤの特典映像で、ルメット監督が、当時30代だったフィニーに老けメークをさせても、どうしても起用したかったことを話している。

何を書いてもネタバレになりそうだし、筋の紹介はしない。はっきりしているのは、『十二人の怒れる男』など、社会派的な作品を得意としたルメット監督が、豪華な娯楽映画を見事に仕上げたことだ。殺人事件を題材にしていても、緊迫感や恐怖感を与えるサスペンスではなく、蒸気機関車の映像や謎解きが楽しめる、わくわくする映画になっている。

これを知るともっと見たくなる「あいつが犯人だ！」

最初に提案された役を断り、ちょっと変わったところがあるスウェーデン人の宣教師役を希望して米アカデミー賞の助演女優賞を獲得したイングリッド・バーグマンをはじめ、俳優たちの演技合戦も見どころだ。

個人的なお気に入りは、殺人事件後、ポワロが乗客一人一人に聞き取り調査をするのに立ち会い、調査が終わるたびに「あいつが犯人だ！」と言う鉄道会社の重役（マーチン・バルサム）だ。

日本の金田一耕助シリーズで、「よしっ、わかった！」と叫ぶ警察幹部を演じた加藤武さん（２０１５年、86歳で死去）のイメージと重なる。

※

▶米アカデミー賞でバーグマンが助演女優賞受賞。メーキングなどの特典映像を収めた「スペシャル・コレクターズ・エディション」のＤＶＤがＮＢＣユニバーサル・エンターテイメントから発売。128分。カラー。ＤＶＤは1429円＋税

『ピンク・パンサー2』
期待通りに笑わせる

出演＝ピーター・セラーズ、クリストファー・プラマー、カトリーヌ・シェルほか。

長年、多くの映画を見て感じるのは、観客を笑わせるのは、泣かせたり、怖がらせたりするよりはるかに難しい、ということだ。

『ピンク・パンサー』は、その高いハードルを越え、世界中で大ヒットしたコメディー映画シリーズ。1963年の米国映画『ピンクの豹』で、ピーター・セラーズが演じた準主役、パリ警察のドジな警部クルーゾーが人気を集めたことから、クルーゾーを主役に格上げして連作が作られた。

今回取り上げる『ピンク・パンサー2』は、第2作『暗闇でドッキリ』の11年後に作られたシリーズ第3作。

1、2作と同じく監督はブレイク・エドワーズ。オープニングのピンクの豹のアニメキャラクターや、ヘンリー・マンシーニ作曲の「ピンク・パンサーのテーマ」など、いわばシリーズの名物が勢ぞろいした作品だ。

中近東の架空の国、ルガシュ。その博物館から世界最大のダイヤ「ピンク・パンサー」が、盗まれた。同国の首脳は、かつてピンク・パンサーの奪回に成功したクルーゾーに捜査を依頼する。

パリでの勤務中、失敗続きで、ドレフュス署長（ハーバート・ロム）から停職処分を言い渡され

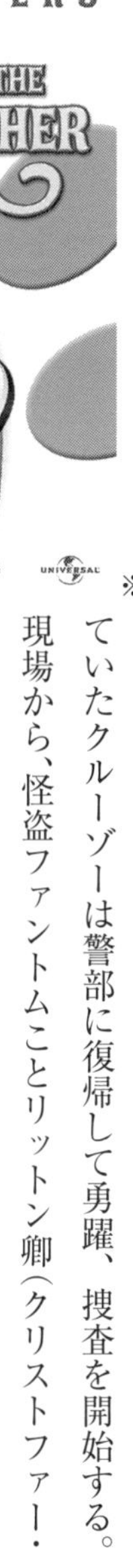

※

ていたクルーゾーは警部に復帰して勇躍、捜査を開始する。現場から、怪盗ファントムことリットン卿（クリストファー・プラマー）の犯行を思わせる証拠が見つかる……。

もちろん、最大の見せ場は「何かをすれば、必ず物を破壊する」クルーゾーのドジさ。彼を憎むあまり、精神のバランスを崩すドレフュスや、クルーゾー宅の使用人で、いつも空手で奇襲してくるケイトー（バート・クウォーク）とのドタバタ劇も面白い。

ドレフュスが拳銃型のライターと本物の拳銃を取り違えるギャグなどは、前振りをして、観客に心の準備をさせ、最後に期待通りに笑わせる。まさに、コントの〝お約束〟と言えるだろう。

シリーズとみなされるのは、スティーブ・マーティン主演のリメーク版2作を含めた全10作。難しく考えず、適当な順番で見ても十分楽しめる。

これを知るともっと見たくなる
セラーズ主演は6本

2作目の後、間隔があいたのは、ピーター・セラーズが続編を望まなかったためらしい。

だが、シリーズ再開後は、**『ピンク・パンサー3』『ピンク・パンサー4』**に続けて出演。死後に公開された**『ピンク・パンサーX』**と合わせ、セラーズのシリーズ出演本数は6本になった。

ブレイク・エドワーズ監督は、この6本に加え、ロジャー・ムーアがクルーゾー役の**『ピンク・パンサー5 クルーゾーは二度死ぬ』**など、シリーズの8本を監督した。このほかに、スティーブ・マーティン主演の**『ピンクパンサー』『ピンクパンサー2』**がある。

1976年　アメリカ▼監督＝アラン・J・パクラ

『大統領の陰謀』
地道な取材で巨悪と戦う

出演＝ダスティン・ホフマン、ロバート・レッドフォード、ジェイソン・ロバーズほか。

1972年6月17日午前2時半、米国の首都ワシントンのウォーターゲート・ビル6階にある民主党全国委員会本部で、盗聴器などを持った5人の男が、不法侵入の現行犯で警察に逮捕された。2年後の8月、共和党のニクソン大統領が辞任に追い込まれた「ウォーターゲート事件」の始まりである。

ボブ・ウッドワード（ロバート・レッドフォード）は、ワシントン・ポスト紙に入社して9カ月の記者。上司に命じられ取材を始め、事件の背景の大きな力に気づく。

1歳年下の同僚、カール・バーンスタイン（ダスティン・ホフマン）とともに事件を担当することになったウッドワードは、以前から信頼関係を築いていた政権内部の要人（ハル・ホルブルック）の情報などを基に、粘り強く取材を継続。事件が〝大統領の陰謀〟と呼ぶにふさわしい、大掛かりな組織的犯行であることを突き止めていく。

実は、予備知識なしに映画を見ても、ウォーターゲート事件の全貌は理解できないかもしれない。だが、それは、失敗作という意味ではない。

アラン・J・パクラ監督は、映画を俯瞰的な視点からわかりやすく構成したり、ドラマチックに盛

※ブルーレイ、ＤＶＤが、ワーナー・ブラザース・ホームエンターテイメントから販売。138分。カラー。ブルーレイは2381円＋税、ＤＶＤは1429円＋税。

※
り上げたりするのではなく、2人の記者の取材活動をリアルに描くことに、全力を注いだ。

そのことによって、ジャーナリズムの仕事とは、情報の裏を一つ一つ取っていく地道な作業にほかならないことが、よく伝わってくる。

全編を通じて最も感動的な場面は「取材を続けると、生命の危険がある」という警告を受け取ったときのワシントン・ポスト紙編集主幹ベン・ブラッドリー（ジェイソン・ロバーズ）の態度だ。

報道の自由と国の未来を守るために戦いはやめない、とさらりと言い放った彼は、2人の記者に「へまはするなよ」と、明るくはっぱをかける。

正々堂々と、巨悪に対して戦う。その姿勢を貫いたことが、権力の〝不都合な真実〟を暴き出す結果になった。米国の記者たちが当時から既に、署名入りで、顔の見える記事を書いていることにも、注目してほしい。

これを知るともっと見たくなる　ディープスロート

ウッドワード記者の情報源となった要人の正体は不明で、「ディープスロート」という通称で呼ばれている。英語で「Deep Throat」。直訳すれば「のどの奥」。ウォーターゲート事件発生と同じ1972年に大ヒットしたポルノ映画の題名でもある、この事件以降、「内部告発者」を意味する言葉になった。

長い間謎のままだった正体は、事件当時のFBI（米連邦捜査局）副長官だったマーク・フェルトが、2005年に「自分だった」と公表。ウッドワードもそれを認め、内幕を明かした著書を刊行した。

▶米アカデミー賞で助演男優賞（ジェイソン・ロバーズ）、脚色賞などを受賞。キネマ旬報ベスト・テン外国映画10位。

1976年　アメリカ▼監督＝ポール・マザースキー　44

『グリニッチ・ビレッジの青春』

米国が輝いていたころ

出演＝レニー・ベイカー、シェリー・ウィンタース、クリストファー・ウォーケンほか。

2018年公開の『きみの鳥はうたえる』（三宅唱監督）という日本映画を見ていて、夜明けの街の美しさに胸がキュンとなった。夜通し遊んで明け方の街を歩いた若いころを、思い出したせいかもしれない。

ポール・マザースキー監督『グリニッチ・ビレッジの青春』も、そんな懐かしい思いをかき立ててくれる映画だ。

1953年、米ニューヨーク市のブルックリン区。22歳のユダヤ人青年ラリー（レニー・ベイカー）は、大学卒業を機に父母と暮らす家を出る。

過保護な母親フェイ（シェリー・ウィンタース）は猛反対だが、俳優志望の彼は、芸術家や文化人が集まるマンハッタン区のグリニッチ・ビレッジに引っ越し、夢をかなえようとする。

家を出たラリーが歩く街路の映像が優しい。ボール遊びをする子どもたちや物売りなど、下町らしい街並みを、トランクを持ったラリーが立ち去っていく。ビル・コンティ作曲の軽快なジャズも、気分を盛り上げる。

地下鉄の駅から見るマンハッタンの摩天楼はまぶしい。車内でベレー帽をかぶったラリーは、グリニッチビレッジに着く。それほど遠くない場所なのに、ブルックリンとは全く違う世界がある。

その日から、ラリーの青春が始まる。恋人のサラ（エレン・グリーン）とのデート、妊娠、中絶。戯曲家のロバート（クリストファー・ウォーケン）ら友人たちとだべり、飲み、共に費やす楽しい時間。たぶん、誰もがどこかで経験するような出来事が次々に起きる。友人の自殺、恋人の裏切り。取り返しがつかないこともあるが、それでも前に進んでいくのが若さの特権だ。ラリーはやがて、オーディションでチャンスをつかむ。

マザースキー監督の自伝的作品。マッカーシーの赤狩りは吹き荒れたが、50年代前半の米国が、若く希望にあふれていたことが伝わってくる。

ラリーが通う演劇学校の教師は言う。「知性とは物事を排除するためにあるんじゃなく、受け入れるためにある」。その精神が貫かれていたからこそ、グリニッチビレッジには自由を求める人々が世界中から集まり、素晴らしい芸術を生み出すことができたのだ。

これを知るともっと見たくなる　赤狩りへの批判も

この映画の中のニューヨークは、同じ年に公開された『**タクシードライバー**』の中の病んだ街と違い、自由に歩き回れる魅力に満ちている。

ラリーが、地下鉄のホームで『**欲望という名の電車**』のポスターに向かって話しかけ、酒瓶をオスカー像に見立てて、マーロン・ブランドのまねをする場面がある。

見回りに来た警官は、ラリーに、ギャング役などで活躍し、赤狩りの犠牲になったエドワード・G・ロビンソンのまねをしろと言う。同じく赤狩りで米国を追われたチャップリンの『**ライムライト**』をラリーたちが見に行く場面などと併せ、監督のメッセージを読み取ることができる。

▶ＤＶＤが20世紀フォックス　ホームエンターテイメント　ジャパンから発売。112分。カラー。ＤＶＤは3800円＋税

1979年　アメリカ▼監督＝ハル・アシュビー　㊺

『チャンス』
不思議な魅力を持つ作品

出演＝ピーター・セラーズ、シャーリー・マクレーン、メルヴィン・ダグラスほか。

見終わったときは、キツネにつままれたような気分なのだが、しばらくすると、いい映画だったなあ、と思い返す。ハル・アシュビー監督『チャンス』は、そんな不思議な魅力を持つ映画だ。米国の首都ワシントンの大きな屋敷。主人が亡くなり、庭師のチャンス（ピーター・セラーズ）が独り残される。幼いころから屋敷で暮らし、一歩も外に出たことがないチャンスは、読み書きはできず、テレビだけが友達だ。弁護士は、身分証明が一切ない彼に、立ち退きを命じる。

導入部では、どんな悲惨な物語になるのかと想像してしまう。だが、意外な展開が待っている。町をさまよっていたチャンスは、高級車と接触。乗っていたイブ（シャーリー・マクレーン）に自宅に招かれる。彼女は、大統領の人選にも影響力を持つ財界の大物ベンジャミン（メルヴィン・ダグラス）の妻だった。

ベンジャミン夫妻は、主人のお下がりの高級服に身を包んでいるチャンスを、わけありの実業家だと思い込む。チャンスは何を尋ねられても、庭や植物の話しかしない。だが、夫妻は、その言葉を、示唆に富んだ政治・経済分析、哲学的な警句だと勘違いし、チャンスにほれ込む。そして、政財界の有力者やマスコミも巻き込んでいく……。

※「チャンス 30 周年記念版」のブルーレイ、ＤＶＤがワーナー・ブラザース　ホームエンターテイメントから発売。130 分。カラー。ブルーレイは 2381 円＋税、ＤＶＤは 1429 円＋税。

『ピンク・パンサー』シリーズでおなじみの英国の喜劇俳優セラーズの晩年の代表作。一つ間違うと、うそっぽくなってしまう物語を、そうさせなかったのは、チャンスのシンプルな言葉に真理が含まれているせいだ。もちろん、そう感じた時点で、観客はベンジャミン夫妻と同じように、チャンスのとりこになっているのだ。

原作はジャージ・コジンスキーの小説。ニーチェの『ツァラトゥストラはかく語りき』を下敷きにしているという。映画では、リヒャルト・シュトラウスの同名の交響詩も使われており、幻想的なラストと併せ、深読みしていくことも可能だ。もしかすると、チャンスは神がつかわした天使かもしれない。

セラーズはじめ俳優たちの意外な顔を引き出す、アシュビー監督の演出が光る。

※

これを知るともっと見たくなる

ハル・アシュビー

1929〜88年。米国ユタ州生まれ。大学卒業後、映画界に入り、編集者として活躍。67年の『**夜の大捜査線**』では、米アカデミー賞編集賞を受賞した。

70年代には監督業に進出。死に取りつかれた少年とナチスの強制収容所を生き延びた老婦人の恋愛を描いた『**ハロルドとモード　少年は虹を渡る**』や、ジャック・ニコルソンがカンヌ国際映画祭で男優賞を受賞した『**さらば冬のかもめ**』などの傑作を生み出した。

ほかの作品に『**ウディ・ガスリー　わが心のふるさと**』『**シャンプー**』『**帰郷**』など。才気と優しさに満ちた独特の作風で知られた。

▶米アカデミー賞でダグラスが助演男優賞受賞。キネマ旬報ベスト・テン外国映画7位。

1979年　アメリカ▼監督＝フランシス・フォード・コッポラ　46

『地獄の黙示録』
戦場の狂気がここにある

出演＝マーロン・ブランド、ロバート・デュバル、マーティン・シーンほか。

フランシス・フォード・コッポラ監督『地獄の黙示録』は、規格外れのスケールでベトナム戦争の狂気を再現した映画だ。

米軍のヘリコプター部隊が、ワーグナーの「ワルキューレの騎行」を大音響で鳴らしながら、村を爆撃する場面。前線の基地に慰問に来たバニーガールが、セクシーなショーを繰り広げる場面。

公開時には、こうした映像の迫力や祝祭感に圧倒され、狙いがよく理解できなかった。戦争を礼賛し、アジアを蔑視しているのではないのか。そんな疑問すら湧いた。

だが、時を経て見直すと、これがベトナム戦争の現実だったのだろう、とすとんと受け入れることができた。目の当たりにしている常軌を逸した映像が、まさに戦場の狂気そのものなのだ。

ベトナム戦争の後期、離婚してサイゴン（現ホーチミン）に戻ってきた米軍空挺部隊のウィラード大尉（マーティン・シーン）は、司令部から特殊任務を命じられる。

戦場の奥地に〝王国〟をつくり、現地人たちに神とあがめられているカーツ大佐（マーロン・ブランド）の暗殺だ。

ウィラードは哨戒艇で川をさかのぼり、カーツの王国を目指す。護送してくれた〝空の騎兵隊〟の

※ブルーレイ、DVDが株式会社KADOKAWAから発売。147分。カラー。
ブルーレイは2000円＋税、DVDは1500円＋税。「特別完全版」のブルーレイ、DVDも発売中

※指揮官、キルゴア中佐（ロバート・デュバル）は、カウボーイハットをかぶり「朝のナパーム弾のにおいは格別だ」とうそぶく人物。サーフィンをする場所を確保するために、村を爆撃する。

「キルゴアが許されて、なぜカーツは責められるのか」と、ウィラードは自問するのだが……。

ウィラード役のシーンは、撮影初期にハーベイ・カイテルに代わって抜てきされた。冷静であろうとしつつ錯乱していく役を見事に演じている。

原作は、英国の小説家ジョゼフ・コンラッドが1899年に発表した代表作『闇の奥』。小説が描いたアフリカ奥地の〝王国〟を、1960年代後半のベトナムに移し替える試みに、未消化でわかりにくい部分が残ったのは否定できない。だが、そうした欠点を補って余りある魅力が、この映画にはある。いい意味で「怪作」という言葉がふさわしい作品だ。

これを知るともっと見たくなる

撮影現場も泥沼に

映画のメーキング・ドキュメンタリー『**ハート・オブ・ダークネス　コッポラの黙示録**』が面白い。監督の妻エレノアが撮影したフィルムが中心で、フィリピンのロケ現場がベトナム戦争と同じく泥沼になっていったのがよくわかる。

マーティン・シーンが拳で鏡を殴り出血する場面はハプニングだったこと。マーロン・ブランドがまったく準備をせずに太って現場に現れ、監督が頭を抱えたこと。ジャングルで襲ってくる虎は本物だったことなど、興味深いエピソードが満載だ。

「映画監督とは、真の独裁者になりうる職業」というコッポラの言葉も印象的だ。

▶カンヌ国際映画祭で最高賞（パルムドール）受賞。米アカデミー賞で撮影賞、音楽賞を受賞。キネマ旬報ベスト・テン外国映画３位。

1979年　アメリカ▼監督＝リドリー・スコット

㊼『エイリアン』映画館で震え上がった

出演＝シガニー・ウィーバー、トム・スケリット、イアン・ホルムほか。

今から約40年前、仕事をサボって入った映画館で『エイリアン』を見た。

当時は監督のリドリー・スコットも主演のシガニー・ウィーバーも無名だったし、映画に対する予備知識もなかった。平日の午後、閑散とした映画館で娯楽映画を見て、リラックスするつもりだった。もくろみは見事に外れた。怖くて、体が固まった。エイリアンが人間のおなかを突き破って出てくる場面では、震え上がってしまった。まさに、ＳＦホラー映画の歴史を開いた傑作に出合った衝撃的な体験だった。

未来の宇宙。採掘した鉱石を積み、地球に帰還途中の宇宙貨物船ノストロモ号は、知的生命体からのものらしい信号を受信し、針路を変更する。乗組員は、船長ダラス（トム・スケリット）以下、航海士のリプリー（ウィーバー）ら女性２人を含む計７人。発信源とみられる小惑星に着陸し、ダラスら３人が船外調査に向かう。

３人は朽ち果てた異星の宇宙船の中で、死んで化石化した異星人を見つける。さらに調査を続け、巨大な卵のような物体がぎっしりと並んだ場所に到達する。すると、突然、卵の中から……。

ここから先のストーリーは書かないほうがいいだろう。自分の目で怖さを確認してほしい。

※ブルーレイが20世紀フォックス　ホームエンターテイメント　ジャパンから発売中。

※

映画が成功した大きな要因は、スイス人の画家、H・R・ギーガーが造形したエイリアンの不気味さ。時にはぬめぬめとエロチックで、時にはヒルのように皮膚に張り付き、凶暴な小動物のように跳ね回るかと思えば、無機質な巨大殺人マシンに変貌する。しかも、この異様な怪物が、「知的」なのだから、手が付けられない。

スコット監督は、エイリアンが入り込んだ閉鎖空間に閉じ込められた乗組員の恐怖を、全体が見通せない巧みなカメラワークで強調していく。

未来の宇宙を暗いホラー映画の舞台にし、闘う勇者を女性のリプリーにしたことが新鮮だった。そのことが、映画がシリーズ化され、現在も多くのファンに支持されていることにつながっているのだろう。

これを知るともっと見たくなる

シガニー・ウィーバー

シガニー・ウィーバーは1949年生まれ。77年に映画デビュー、『エイリアン』のリプリー役で一躍スターになった。

身長180センチと大柄で、意志が強そうな顔立ちが、エイリアンと闘うヒロインのイメージにぴったりで、映画の中の下着姿も魅力的だった。

86年にジェームズ・キャメロン監督で作られた続編『**エイリアン2**』では、さらに強靱な戦士となったリプリーを演じ、92年の『**エイリアン3**』、97年の『**エイリアン4**』にも、リプリー役で出演している。ほかの代表作に『**ゴーストバスターズ**』『**ワーキング・ガール**』『**アバター**』など。

▶米アカデミー賞で視覚効果賞受賞。117分。カラー。

1981年 フランス▼監督＝フランソワ・トリュフォー ㊽

『隣の女』
極限の愛のかたちを描く

出演＝ファニー・アルダン、ジェラール・ドパルデュー、アンリ・ガルサンほか。

別れた恋人同士が偶然、隣人として暮らすことになる。現在は双方とも結婚し、お互いの配偶者たちは過去の恋愛のことを知らない……。

フランソワ・トリュフォー監督『隣の女』は、もし自分にこんなことが起きたらどうすればいいのだろう、というちょっと怖い状況設定から、ドラマが始まっていく。

ベルナール（ジェラール・ドパルデュー）は32歳。妻と幼い息子と3人で、郊外の一軒家で幸福に暮らしている。

ある日、空き家だった隣家に、航空管制官のフィリップ（アンリ・ガルサン）夫婦が引っ越してくる。フィリップの妻マチルド（ファニー・アルダン）を紹介されたベルナールは動揺する。

2人はかつて恋人同士だったが、激しく全てを求めるベルナールの愛情に疲れ切ったマチルドが8年前に姿を消し、以来別れ別れになっていた。

最初は、マチルドは「この偶然に感謝してるわ」と言葉に出すなど関係の復活に積極的。一方、ベルナールは、妻に「彼女はこの土地にそぐわない」と話し、会うことも避けようとする。だが、たまたまスーパーで2人きりで出会い、別れ際にキスをしたことから、焼けぼっくいに火が付く。

一線を越えた2人の行動は、やがて家族たちも巻き込んでいく。禁じられた愛が表沙汰になった後、隣家を訪れたマチルドは、独りで留守番をしていたベルナールの息子が、クジラが泣く絵を描き、貼っているのを見つける。

「なぜ泣いてるの?」。マチルドが聞くと、小さな男の子は答える。「悲しいから」。その場面での彼女の表情は、悲しみを生み出しているのは私ではないか、と自分を責めているようにも見える。だが、それでも2人は、ブレーキをかけることはできないのだ。

「愛の作家」と呼ばれたトリュフォーは、作品の中で、さまざまな恋愛のかたちを描いてきた。『隣の女』は、『アデルの恋の物語』などと同じく、破滅にまで突き進む極限の愛を取り上げた作品だ。いかにもトリュフォーらしいのは、主人公たちを断罪するのではなく、共感にあふれて描いていることだ。——彼らはどうしようもなく出会ってしまったのだ。

これを知るともっと見たくなる　あなたなしでは

映画のラストで、物語の語り手であるジューブ夫人(ベロニク・シルベル)が、2人の関係をこう語る。「Ni avec toi, ni sans toi」

このフランス語を、日本語版の字幕を担当した山田宏一氏はこう訳した。「あなたと一緒では苦しすぎる。でも、あなたなしでは生きられない」。トリュフォーと映画の内容を深く理解した上での名訳だと思う。

山田氏と蓮實重彥氏による『トリュフォー最後のインタビュー』(平凡社刊)には、この言葉を巡るエピソードをはじめ、興味深い話が多数収められている。

▶キネマ旬報ベスト・テン(1983年)外国映画6位。『隣の女』『終電車』など全4作品を収めた「フランソワ・トリュフォーDVD—BOX『14の恋の物語』[Ⅱ]」が株式会社KADOKAWAから発売。106分。カラー。DVDボックスは9800円+税

1981年　フランス▼監督＝クロード・ルルーシュ　㊾

『愛と哀しみのボレロ』
希望を伝えるラストの踊り

出演＝ニコール・ガルシア、ジェームズ・カーン、ジョルジュ・ドンほか。

1930年代半ばのモスクワ、パリ、ベルリン、ニューヨーク。四つの都市に、それぞれの夢を追い掛ける若い芸術家たちがいた。その後続いた第2次大戦とホロコーストの時代。どのような過酷な運命が、彼らを待ち受けていたのだろうか。

クロード・ルルーシュ監督『愛と哀しみのボレロ』は、そうした芸術家やその子孫らが、半世紀近い時を経て、奇跡的に一堂に会するまでを描いた、壮大な作品だ。

1936年、モスクワ。ボリショイ劇場のプリマバレリーナの最終選考。敗れたタチアナ（リタ・ポールブールド）を、審査員のボリス（ジョルジュ・ドン）が慰める。やがて2人は結婚し、息子のセルゲイ（成人後はドンの一人二役）が生まれるが、ボリスは徴兵され、ナチス・ドイツとの戦いの中で戦死する。

37年、パリ。ピアニストのシモン（ロベール・オッセン）とバイオリニストのアンヌ（ニコール・ガルシア）が結婚する。だが、ナチス占領後、ユダヤ人の2人は、強制収容所に送られる。夫婦は生後間もない息子を生き延びさせるために、捨てる。シモンはガス室で殺され、生き残ったアンヌは必死で息子を捜す。

二つのエピソードを紹介しただけで、映画のとてつもないスケールがわかるだろう。さらに、カラヤンをモデルにしたベルリン編と、グレン・ミラーをモデルにしたニューヨーク編が加わる。しかもモスクワ編のように、1人の俳優が親と子（時には孫）を演じるケースが幾つかあるため、観客は混乱してしまう。

だが、ラストでドンが踊るボレロが、そうした欠点を全て忘れさせてくれる。

セーヌ川に面し、エッフェル塔を望むパリのトロカデロ広場で開かれるユニセフのチャリティーコンサート。ほとんどの登場人物が集まった中で、赤い円卓の上で情熱的に踊るドンは何と素晴らしいのだろう。

息をのんで見つめるうちに、もしかして、対立してきた世界が、芸術を通して一つになれるのかもしれないと思えてくる。人間は愚かで、悲劇を繰り返すが、決して希望を失ってはならない、と感じさせる力がある。この場面がある限り、この映画は生き続けていくだろう。

これを知るともっと見たくなる　45歳で死去したドン

ジョルジュ・ドンは1947年、アルゼンチンのブエノスアイレスに生まれた。幼い頃からバレエを始め、10代で単身欧州に渡り、モーリス・ベジャール主宰の20世紀バレエ団に入団。ソリストとして活躍、芸術監督も務めた。

『愛と哀しみのボレロ』で、ドンが演じたセルゲイは、ソ連生まれで、61年にパリの空港で亡命したバレエダンサー、ルドルフ・ヌレエフをモデルにしている。

ドンは88年に、自身が主宰するバレエ団を旗揚げするが、エイズに侵され、92年、45歳で死去した。「ニジンスキーの再来」といわれたヌレエフも93年、エイズによる合併症のため54歳で死去した。

▶カンヌ国際映画祭で高等技術委員会賞を受賞。現在ＤＶＤの発売はなし。185分。カラー。カンヌ国際映画祭の高等技術委員会賞は、優れた映画技術に対して与えられる賞。2001年で終了し、現在はバルカン賞となっている

1982年　アメリカ▼監督＝スティーブン・スピルバーグ

50

『E.T.』
時を超える力を持つ

出演＝ディー・ウォーレス、ヘンリー・トーマス、ドリュー・バリモアほか。

スティーブン・スピルバーグ監督『E.T.』が、日本で公開されたのは1982年の12月だ。32万枚もの前売り券が売れた大ヒット作だったが、当時は「どうせ、子ども向けのハリウッド映画なんだろ」と、そっぽを向いていた。

自分で確かめもしないで偉そうなことを言ってはいけない、という好例だ。ずいぶん後になって、ひそかに見て『面白い、子どもたちもE.T.もかわいい』と、すっかりお気に入りの1本になったのだから。

米国のある都市の郊外。10歳のエリオット（ヘンリー・トーマス）は、宇宙人E.T.と出会う。E.T.は、近くの森に着陸した宇宙船が緊急発進した際に、独り地球に取り残されたのだ。

エリオットと兄マイケル（ロバート・マクノートン）、妹ガーティ（ドリュー・バリモア）は、E.T.を自宅でかくまう。父親は愛人とメキシコに行き、家計を支えるために仕事に追われている母親（ディー・ウォレス）は、子どもたちの異変に気付かない。

やがて、E.T.とエリオットとの間には心が通じ合うようになり、E.T.が家の冷蔵庫でビールを飲むと、学校で授業を受けているエリオットが酔っぱらうなど、さまざまな面で〝一体化〟して

※ブルーレイがＮＢＣユニバーサル・エンターテイメントから発売。115分。カラー。ブルーレイは1886円＋税、DVDは1429円。 ※2020年3月の情報です。

いく。エリオットは、E．T．にずっとそばにいてほしいと願うのだが……。

※

決してぬいぐるみのように愛らしいわけではなく、気持ち悪いと感じてもおかしくないE．T．が、映画が進むにつれてかわいく見えてくるのが、演出のうまさだろう。英語を覚えたE．T．が空を指さして「E．T．オウチ　デンワ」と言うところ、エリオットとE．T．が乗った自転車が満月をバックに空を飛ぶ極め付きのシーン、ラストの感動的なせりふ。観客に、記憶をたくさん残してくれた作品でもあった。

スピルバーグは、10代で経験した両親の離婚が深い心の傷になったことを告白している。主人公のエリオットは、その体験を反映したような、父親の不在に傷ついている孤独な少年だ。彼は、同じように独りぼっちのE．T．と出会うことで、成長していく。

単に技術を駆使したSF映画ではなく、そうした少年期の悲しみが背景に流れる優しい物語であることが、この映画に、時を超えて人々を感動させる力を与えているのだろう。

これを知るともっと見たくなる
ハロウィーン

映画の進行で、重要な役割を果たすのが、ハロウィーン。エリオットらは、ハロウィーンの仮装を利用して、E．T．を隠し、森に連れて行く。途中で、E．T．が『**スター・ウォーズ**』シリーズの人気キャラクター、ヨーダと出会うのは、見せ場の一つだ。

公開された1982年には、日本ではなじみがなかったハロウィーンは、今ではすっかり定着した。また、前半に出てくる宅配ピザも、日本で最初の店がオープンしたのは85年だ。そうした意味では、日本人にとっては、この三十数年で『E．T．』はより身近な映画になったのかもしれない。

▶米アカデミー賞で音響効果賞、視覚効果賞などを受賞。キネマ旬報ベスト・テン外国映画1位。

1982年　アメリカ▼監督＝シドニー・ポラック　51

『トッツィー』名演技が楽しい上質な喜劇

出演＝ダスティン・ホフマン、ジェシカ・ラング、ビル・マーレイほか。

シドニー・ポラック監督『トッツィー』は、ダスティン・ホフマンの女装した演技が楽しいウエルメードな喜劇映画だ。ジャック・レモンとトニー・カーチス主演の『お熱いのがお好き』やロビン・ウィリアムス主演の『ミセス・ダウト』など、こうした類いの作品が成功するためには、俳優のうまさに加えて、女装する理由が空々しくないことが必要だ。『トッツィー』はもちろん、この二つの条件を満点でクリアしている。

マイケル・ドーシー（ホフマン）は、ニューヨークに住む俳優だ。才能はあるが売れない彼は、ある日、女性になりすましてテレビの連続ドラマのオーディションを受ける。自分が演技指導をしているサンディ（テリー・ガー）が不合格になった病院の女性総務部長役に、応募したのだ。

アドリブの演技が評価され、受かった彼は、ドロシー・マイケルズという名前の女優としてドラマに出演する。そして、たちまち人気者になる。その過程で、彼を女性と思い込んでいる共演者のジュリー（ジェシカ・ラング）からは、友人として頼られ、ジュリーの父親（チャールズ・ダーニング）から複数の男性からは、恋愛の対象として言い寄られる。

真相を知っているのは、ルームメートのジェフ（ビル・マーレイ）と、芸能エージェントのジョー

※ブルーレイ、ＤＶＤがソニー・ピクチャーズ　エンタテインメントから発売。116分。カラー。
ブルーレイは2381円＋税、ＤＶＤは1410円＋税

ジ（ポラック監督が自ら出演）だけ。さて、この二重生活はいつまで続くのだろうか？

『追憶』や『愛と哀しみの果て』など多彩な作品があるポラック監督が、芸能界の内幕をユーモラスに描いている。題名の『トッツィー』は、日本語にすれば「ねえちゃん」という感じの俗語で、男性プロデューサーにそう呼ばれたマイケルは「名前で呼んで」と怒る。このエピソードをはじめ、女優に変身したマイケルに対する男性たちの無礼な振る舞いは、これが「#MeToo」（「私も」の意）運動が告発したセクハラの実態なんだな、と感じさせるリアリティーがある。

※

マーレイをはじめ充実した脇役陣が醸し出す、とぼけた笑いも味がある。これが映画デビュー作のジーナ・デイビスの初々しさも必見だ。

これを知るともっと見たくなる　英国でも主演男優賞

ダスティン・ホフマンはこの役で、米ゴールデングローブ賞（ミュージカル・コメディー部門）と、英国アカデミー賞の主演男優賞を受賞した。

米アカデミー賞でも主演男優賞にノミネートされたが、受賞者は『**ガンジー**』のベン・キングズレー。『トッツィー』の米アカデミー賞での受賞は、ジェシカ・ラングの助演女優賞だけだった。

だが、コメディーは受賞しにくいといわれる同賞で、作品賞、監督賞とともに、ホフマン、ラング、テリー・ガー（ラングと同じく助演女優賞候補）の3人が演技賞部門でノミネートされたのが、この作品に対する高い評価を示している。

▶米アカデミー賞でジェシカ・ラングが助演女優賞受賞。キネマ旬報ベスト・テン外国映画8位。

52

1983年 アメリカ▼監督＝フィリップ・カウフマン

『ライトスタッフ』宇宙を目指した男たち

出演＝サム・シェパード、スコット・グレン、エド・ハリスほか。

古希を迎えた旧友が自嘲するように言った。「若いころはアメリカに憧れていたのに……」。同世代の自分には、その気持ちがよくわかる。

1950年代に宇宙を目指した男たちを主人公にしたフィリップ・カウフマン監督『ライトスタッフ』には、僕らがかつて憧れたアメリカがある。

47年10月、カリフォルニア州の砂漠にある基地。テストパイロットのチャック・イエーガー（サム・シェパード）は、超音速飛行に初めて成功する。軍は秘密にしたが、彼の名はパイロット仲間に伝説的に広まる。

50年代前半、エドワーズ空軍基地と改称された基地には、イエーガーをはじめ優秀なパイロットたちが集まり、スピードと高度の限界に挑戦し続けていた。だが、57年、ソ連が世界初の人工衛星「スプートニク1号」の打ち上げに成功したことが状況を変える。米国航空宇宙局（NASA）が創設され、マーキュリー計画と名付けた有人宇宙飛行計画に着手。テストパイロットらを対象に宇宙飛行士の選定を始める。そして、アラン・シェパード（スコット・グレン）、ジョン・グレン（エド・ハリス）ら7人の宇宙飛行士が選ばれる……。

※ブルーレイ（製作30周年記念版）、DVD（スペシャル・エディション）が、ワーナー・ブラザース　ホームエンターテイメントから発売。193分。カラー。ブルーレイは2381円＋税、DVDは2980円＋税。

※ニュージャーナリズムの旗手といわれたトム・ウルフのノンフィクションが原作。国家の偉業をたたえる宣伝映画にはせずに、飛行士たちが己の信念に従って、家族の絆や仲間との信頼を深めていく姿に焦点を当てた。

死の恐怖と闘いながら、未知の冒険に挑む男たちは、宇宙開発競争の旗を振る政治家や有力者の意のままには動かない。彼らは、大卒でないために選抜試験すら受けられなかったイエーガーと共通する、パイロットとしての「ライトスタッフ」（正しい資質）を持つ、誇り高き男たちなのだ。

アメリカはそうした個人の生き方が尊重される国だと、あのころの僕らは無邪気に思っていた。たとえ、それが間違いだったとしても、映画の中のイエーガーや宇宙飛行士たちが魅力的であることに変わりはない。

これを知るともっと見たくなる
ガムをくれよ

フィリップ・カウフマンは１９３６年生まれの米国の監督、脚本家。歴史的な背景の中で複数の登場人物が織りなすドラマを描くのが得意で、『ライトスタッフ』のほか、押しつぶされた「プラハの春」を題材にした**『存在の耐えられない軽さ』**などがある。

『ライトスタッフ』では、イエーガーが危険な飛行に挑む直前、整備士にガムをねだり、「後で返す」と言うエピソードを繰り返し見せる。

もちろん、これは生きて帰るという意思表示と験担ぎなのだ。こうしたエピソードの描き方が実に巧みだ。

▶米アカデミー賞で作曲賞、編集賞など４部門で受賞。キネマ旬報ベスト・テン外国映画２位。

1984年　アメリカ・イタリア▼監督＝セルジオ・レオーネ

⑬『ワンス・アポン・ア・タイム・イン・アメリカ』

米国映画への愛があふれる

出演＝ロバート・デ・ニーロ、ジェームズ・ウッズ、エリザベス・マクガバンほか。

『ワンス・アポン・ア・タイム・イン・アメリカ』は、『荒野の用心棒』や『夕陽のガンマン』などで知られるイタリアの映画監督セルジオ・レオーネの遺作となった大作だ。

米ニューヨークのユダヤ系社会で育った少年たちが、禁酒法時代にギャングとなり、のし上がっていく。だが、中心メンバーの2人の間に溝が広がり、ついに破局が訪れる。そして……。

主調をなすのは、『夕陽のガンマン』でも描かれた、男の友情や裏切り、初恋の女への断ち切れぬ思いだ。『ゴッドファーザー』や日本の『仁義なき戦い』に通じる〝男の映画〟の一本だ。

1920年代、ニューヨークのユダヤ人街。ヌードルス（スコット・テイラー、成人後はロバート・デ・ニーロ）は、悪童たちのリーダー格だ。ある日、酔っぱらいの懐を狙うが、引っ越してきた少年マックス（ラスティ・ジェイコブズ、成人後はジェームズ・ウッズ）に上前をはねられる。

それがきっかけで仲良くなった2人は、禁酒法を利用してグループの力を拡大していく。稼いだ金は、共同財産として駅のロッカーに入れ、ためていく。彼らなりの夢があったのだ。

20年代の少年時代と、禁酒法末期の30年代、ある事件の後は身を隠していたヌードルスがニューヨークに戻ってくる60年代後半。三つの時代を行き来しながら、映画は進む。もちろん、ヌードルスと美しい少女デボラ（ジェニファー・コネリー、成人後はエリザベス・マクガバン）とのエピソードもきちんと描かれている。

２５１分のエクステンデッド版を見たが、全く退屈しない。デ・ニーロの抑制した演技は魅力的だし、ウッズも屈折した役を見事に演じている。エンニオ・モリコーネの心を揺さぶるような音楽に乗って、レオーネ監督は幼い頃から憧れていたという米国とハリウッド映画への愛を歌い上げた。イタリアの監督が作った米国のギャング映画（しかもユダヤ系）に不自然さを感じないのは、愛の深さのせいだろう。

これを知るともっと見たくなる　エンニオ・モリコーネ

『荒野の用心棒』をはじめ、セルジオ・レオーネ監督の多くの作品で音楽を担当してきたのが、１９２８年生まれのエンニオ・モリコーネ。

口笛によるメロディーなど、叙情的で優雅でありながら強い印象を与える音楽が特長で、数多くの映画に曲を提供した。

２０１６年の第88回米アカデミー賞で、作曲賞を受賞（**『ヘイトフル・エイト』**）。代表的な映画作品に**『天国の日々』『アンタッチャブル』『ニュー・シネマ・パラダイス』**などがある。03年のＮＨＫの大河ドラマ**『武蔵ＭＵＳＡＳＨＩ』**の音楽も担当した。

▶キネマ旬報ベスト・テン外国映画１位。現在ＤＶＤの発売はなし。完全版は229分。エクステンデッド版は251分。カラー。

1985年　アメリカ▼監督＝ロバート・ゼメキス　54

『バック・トゥ・ザ・フューチャー』

元気をくれる娯楽傑作

出演＝マイケル・J・フォックス、クリストファー・ロイド、リー・トンプソンほか。

疲れているときでも、落ち込んでいるときでも、この映画を見ると元気になる。そんな映画の一本が『バック・トゥ・ザ・フューチャー』だ。監督は、後に『フォレスト・ガンプ／一期一会』で米アカデミー賞作品賞、監督賞などを受賞したロバート・ゼメキス。冒頭から約30分、主人公がタイムマシンで過去の世界に旅立つまでが、実にスムーズで、しかも、すべてのせりふ、エピソードが、その後の物語の伏線になっている。ゼメキスとボブ・ゲイルが共同執筆した脚本が、緻密で見事だ。

1985年10月、米カリフォルニア州の町に住む高校生マーティ・マクフライ（マイケル・J・フォックス）は、親友でドクという愛称のエメット・ブラウン博士（クリストファー・ロイド）と、深夜の駐車場で会う。ドクが長い間取り組んできたタイムマシンの実験を、手伝うためだ。

乗用車デロリアンを改造したタイムマシンに、ドクの愛犬アインシュタインを乗せた実験は成功する。だが、直後にリビアの過激派の襲撃に遭い、タイムマシンに乗って逃げようとしたマーティは、30年前の55年にタイムスリップしてしまう。

ここから先は見てのお楽しみだが、マーティが過去の世界で高校生だった母親に出会い、母親がマーティに恋をする、という設定が抜群だった。

※ブルーレイ、DVDが、NBCユニバーサル・エンターテイメントから発売。116分。カラー。ブルーレイは1886円＋税、DVDは1429円＋税。
 ※2020年3月の情報です。

※

雷が時計台に落ちるハラハラドキドキのシーンなど、名場面も多い。さらに、フォックスやロイドをはじめ俳優たちの個性が役とぴったり合っていたのが、映画をますます魅力的にした。

特筆しておきたいのは、悪役ビフ（トーマス・F・ウィルソン）。マーティの両親の同級生で、傍若無人な乱暴者だ。ビフのモデルは、83年にニューヨークにトランプ・タワーを建設し、不動産王と呼ばれていたドナルド・トランプ現大統領だったと、共同脚本のゲイルは明らかにしている。

公開時には、リビアの過激派の扱いが、わかりやすい敵を作るハリウッド的手法と感じたが、これも米国的〝表現の自由〟だろうか。

キネマ旬報ベスト・テンで15位という評価の低さが、今となっては意外だ。

これを知るともっと見たくなる
マイケル・J・フォックス

1961年、カナダ生まれのフォックスは、82年開始のテレビドラマ『**ファミリータイズ**』で人気者になった。『バック・トゥ・ザ・フューチャー』はスケジュールが合わず、当初マーティ役はエリック・ストルツが演じ、撮影が開始された。だが、1カ月以上撮影が進んだ時点で、ストルツが役にぴったりしない点があるなどの理由で降板させられ、フォックスに代わった。

映画の大ヒットでトップスターに。その後、このシリーズの続編などで活躍するが、30歳のときにパーキンソン病を発症、俳優活動を続けつつ、闘病生活を送っている。

▶米アカデミー賞で音響効果編集賞受賞。

1987年　フランス・西ドイツ▼監督＝ルイ・マル　55

『さよなら子供たち』

忘れてはならぬことがある

出演＝ガスパール・マネス、ラファエル・フェジト、フランシーヌ・ラセットほか。

暗い映画は見たくない。それは、誰にでもある正直な気持ちだと思う。だから、このルイ・マル監督『さよなら子供たち』がナチスによるユダヤ人の迫害を扱った映画と聞いて、はなから避ける人がいても不思議ではない。でも、見始めれば、テーマとは関わりなく、この映画が10代前半の少年の感情を生き生きと描いた素晴らしい作品であることが、すぐにわかるはずだ。

『シンドラーのリスト』や『ライフ・イズ・ビューティフル』などに連なるホロコーストを取り上げた名画であると同時に、『スタンド・バイ・ミー』や『リトル・ダンサー』など、少年を主人公にした傑作映画のリストにも加えたい作品だ。

1944年1月、クリスマス休暇を終えたジュリアン（ガスパール・マネス）は、駅で母親（フランシーヌ・ラセット）と別れを惜しんでいる。

ナチス・ドイツ占領下のパリは不穏な状況が続き、ジュリアンとその兄は、離れた町にあるカトリックの寄宿学校で疎開生活を送っているのだ。

学校に戻ったジュリアンは、校長の神父が、3人の転入生を連れてくるのを見る。その中の1人、ジャン・ボネ（ラファエル・フェジト）は、ジュリアンのクラスに編入される。

※ＤＶＤが株式会社ＫＡＤＯＫＡＷＡから発売。105分。カラー。ＤＶＤは1500円＋税

※

成績が優秀でピアノもうまいボネに、対抗心を抱くジュリアンだが、次第に仲良しになる。そして、ある日、ボネがユダヤ人であることを知る。

『死刑台のエレベーター』などで知られるマル監督の自伝的作品。分身であるジュリアンの目を通して、日常に侵食してくるナチズムの恐怖を、リアルに描いている。

同じく占領下のフランスを舞台にした『ルシアンの青春』で、ナチスの手先になった青年を主人公にした監督は、『さよなら――』でも、ユダヤ人の少年をナチスに引き渡す人々の弁解を映像に残した。「きれいごとじゃない。戦争なんだから」。その結果、少年は強制収容所で殺害されたのだ。

ユダヤ人というだけで、なぜ彼らは殺されなければならなかったのか。あの時代を再来させないために、忘れてはならぬことがある。この映画は、それを教えてくれる。

これを知るともっと見たくなる

米国の赤狩りにも抗議

寄宿学校で映画観賞会があり、神父や教師、生徒らが一緒に映画を見るシーンがある。上映されるのは**『チャップリンの移民』**。１９１７年公開のサイレント映画だ。欧州から新天地を求めて米国に渡る移民たちの船内での様子や、米国での恋愛などがコミカルに描かれる。

実はこの映画は、米国に吹き荒れた赤狩りで、チャップリンが52年に米国を追われた際、反米的な証拠とされた。映画の中で主人公が米国の移民管理官の尻をける場面がある、という理由だ。ルイ・マル監督の、迫害に対する抗議の意志が、この映画の選択に表れている。

▶ベネチア国際映画祭で金獅子賞受賞。キネマ旬報ベスト・テン外国映画１１位。

1987年　イラン▼監督＝アッバス・キアロスタミ

『友だちのうちはどこ？』

子どもの感情、自然に描く

56

出演＝ババク・アハマッドプール、アハマッド・アハマッドプール、ホダバフシュ・デファイほか。

大人は、自分が子どもだったころを忘れてしまう。親や学校の先生がどんなに大きな存在だったか。怒られるのが、どれほど怖いことだったか。

そんなことを含めて子どもの心を思い出させてくれるのが、アッバス・キアロスタミ監督『友だちのうちはどこ？』だ。

イランの小さな村の小学校。教室で宿題の点検を始めた先生（ホダバフシュ・デファイ）は、ノートを持ってきていないネマツァデ（アハマッド・アハマッドプール）を叱りつける。「今度忘れたら、退学だ」。怒りは、隣の席のアハマッド（ババク・アハマッドプール）もおびえるほど激しい。

授業が終わり帰宅したアハマッドが、宿題をしようとカバンを開けると、ノートが2冊入っている。何と、ネマツァデのノートを間違えて持ち帰ってきてしまったのだ。

このままでは彼は退学になってしまう。アハマッドは焦るが、母親は「宿題をやりなさい」の一点張りで外出を許さない。ついに、アハマッドは母親の隙を見て家を出る。ネマツァデは隣村に住んでいることしか知らないが、何とかノートを返さなければ。8歳のアハマッドはジグザグな山道を歩き、

※ニューマスター版のブルーレイ、ＤＶＤがＴＣエンタテインメントから発売。83分。カラー。ブルーレイは4800円＋税、ＤＶＤは3800円＋税。Ⓒ 1978 KANOON

※隣村を目指す。
アハマッドの困った表情が何と切実なのだろう。全員プロの俳優ではないという出演者たちが、何と自然に感情を表現しているのだろう。友だちのために必死で動くアハマッドに、「頑張れ！」と声を掛けたくなる。

それに引き換え、大人は不親切だ。友だちの家を必死で捜している少年に、ほとんどの人は取り合わない。アハマッドの祖父に至っては、日なたぼっこをしながら「礼儀を教えるには体罰が必要だ」と得々と語るだけだ。

だが、大切なことは、こうした全ての出来事が温かくユーモラスな視点で描かれていることだ。家捜しを手伝ってくれるおじいさんの存在や、帰宅したアハマッドに対する母親の愛情が、映画を優しいものにしている。

詩情あふれる映像が素晴らしい。見知らぬイランの人々とその暮らしが、身近に感じられるようになる。

これを知るともっと見たくなる　ジグザグ道3部作

『友だちのうちはどこ？』（１９８７年）が撮影されたのは、イラン北部、カスピ海に近い村だ。隣村に向かう少年が通るジグザグ道が、印象的だった。

この地域は90年、３万人以上が死亡した大地震の直撃を受けた。出演者たちの安否を確かめにロケ地を訪ねたキアロスタミ監督は、その体験を基に『**そして人生はつづく**』（92年）を製作。

さらに、同じ地域を舞台にしたラブストーリー『**オリーブの林をぬけて**』（94年）を撮った。この３本が「ジグザグ道３部作」と呼ばれている。虚実が入り交じった独特の作風も見どころだ。

▶キネマ旬報ベスト・テン外国映画（93年度）８位。

57 1987年 イタリア・中国・イギリス▼監督＝ベルナルド・ベルトルッチ

『ラストエンペラー』

壮大で悲しみ秘めた歴史劇

出演＝ジョン・ローン、ジョアン・チェン、ピーター・オトゥールほか。

どんな人間も時代と無関係に生きることはできない。だが、ベルナルド・ベルトルッチ監督『ラストエンペラー』の主人公、中国・清朝の「最後の皇帝」である溥儀(ふぎ)ほど、時代に翻弄されて生涯を送った人は、めったにいないだろう。

ベルトルッチ監督はこの作品で、彼の数奇な生涯を、映画ならではの虚構を交えつつ、背景の時代とともに客観的に描いた。その一方で、「国民にとって大事な象徴」として、時の権力に利用され続けたエンペラーの悲しみにも光を当てた。北京の紫禁城でのロケや、ローマに作った大規模なセットで撮影した壮大で華麗な映像はもちろん、人間ドラマとしても胸を打つ優れた作品だ。

映画は、第2次大戦後、ソ連軍に逮捕された溥儀（ジョン・ローン）が、1950年に、戦犯として中国に引き渡されるところから始まる。直後に、舞台は08年の北京にさかのぼり、満3歳にもならぬ溥儀が、西太后に清朝の新しい君主に指名される場面に変わる。その後、宣統帝となった溥儀が経験する波瀾万丈の出来事と、戦後の戦犯収容所での生活が、並行して描かれていく。

12年の辛亥革命で退位した溥儀の孤独。家庭教師の英国人レジナルド・ジョンストン（ピーター・オトゥール）との交流。皇后、婉容（ジョアン・チェン）と抱く西欧への夢。満州国皇帝となり、侵

※写真出典：ウィキメディア・コモンズ

攻してきた日本を利用し王朝を復活しようとする野心が、逆に甘粕正彦（坂本龍一）ら日本の軍部にもてあそばれる悲劇。

見どころは多い。この作品で3度目の米アカデミー賞撮影賞を受賞した名カメラマン、ビットリオ・ストラーロの映像、作曲賞の坂本らの音楽も素晴らしい。

だが、最も心に残ったのは、冒頭の即位式でのエピソードを巧みに生かした幻想的なラストシーンだ。老いて私人となった溥儀が、今や観光地となった紫禁城の玉座に座り、守衛の息子に、かつて皇帝だった証拠を見せる。その時浮かべる穏やかな笑みに、全てが言い尽くされているように思えた。死が、彼をとらわれの身から解き放ったのだ。

※

これを知るともっと見たくなる　長尺版との違い

日本での劇場公開時、映画の中で流れる「南京大虐殺のニュース映像」を、配給会社がカットする問題があった。

また、昭和天皇と溥儀が面会するシーンを撮影したといわれているが、作品にこの場面がなかったことから、さまざまな臆測を呼んだ。現時点ではカット理由を、明確に断定する材料がない。

上映時間163分の劇場公開版と、219分のディレクターズカット版を見比べた。長尺版には、溥儀の乳母の来歴など細かいエピソードが増えているのが大きな差だ。問題になったニュース映像は両方に収録されており、天皇との面会シーンはいずれにもなかった。

▶米アカデミー賞で作品賞、監督賞、撮影賞、作曲賞（坂本龍一、デビッド・バーン、蘇聡）など9部門で受賞。キネマ旬報ベスト・テン外国映画1位。ブルーレイがキングレコードから発売。163分。カラー。ブルーレイは2500円＋税

1987年　イギリス・アメリカ▼監督＝スタンリー・キューブリック ㊽

『フルメタル・ジャケット』

人が人でなくなる怖さ

出演＝マシュー・モディーン、ビンセント・ドノフリオ、R・リー・アーメイほか。

戦争は、人間をけだものにする。

スタンリー・キューブリック監督『フルメタル・ジャケット』は、その冷厳な真実を、強烈な映像と黒いユーモアで描いた作品だ。

ベトナム戦争渦中の1960年代後半。米国サウスカロライナ州パリス島の海兵隊新兵訓練所。教練指導官のハートマン軍曹（R・リー・アーメイ）は、新兵たちに「ウジ虫ども」「地球で最下等の生命体」と、罵詈雑言を浴びせ続ける。目的はただ一つ。彼らを、敵を殺りくする殺人マシンに仕立て上げることだ。

太っていて、にこやかな表情の新兵レナード（ビンセント・ドノフリオ）は、失敗が多く、ハートマンから集中攻撃される。皮肉屋で「ジョーカー」とあだ名を付けられたジェームズ（マシュー・モディーン）がレナードの面倒をみるが、レナードは次第に精神のバランスを崩していく……。

映画は、訓練所の前半部分と、卒業したジョーカーらが戦場に配属される後半部分の、二つのパートから成る。

後半のヤマ場は、ロンドンに作られたベトナムの町のセットで行われる壮絶な市街戦。軍の新聞の

※ブルーレイDVDが、ワーナー・ブラザース　ホームエンターテイメントから発売。117分。カラー。ブルーレイ（2D）日本語吹替音声追加収録版（2枚組）は、5790円＋税、DVDは1429円＋税。

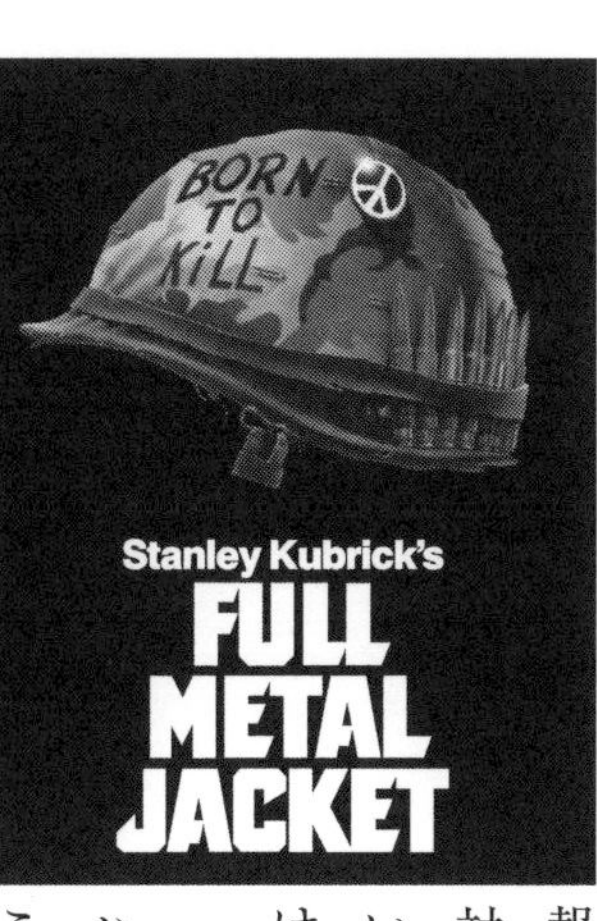

※

報道班員になってもピースマークのバッジを着けるなど、戦争に対する皮肉な姿勢を貫いていたジョーカーも、結局は人間性を失い、殺人マシンと化していく。ハートマンが望んでいた通りの、けだものになったのだ。

　前後半を通じて、一貫しているのは、極端なまでの女性蔑視。ハートマンの言葉や、新兵たちに歌わせる歌の歌詞には、とてもここでは紹介できないような下劣なものが多い。こうして、女性をおとしめることが、彼らを殺人マシンにすることとつながっているのだ。

　題名は、弾体の鉛を銅などの金属で覆った弾丸のこと。キューブリック監督はこの映画で、どうしたら人間を壊すことができるのかというテーマに焦点を当てている。ハートマンのあまりの口の悪さに、思わず笑いを誘われてしまうこともあり、決して重苦しいだけの作品ではない。だが、ずしんと心に残るのは、人が人でなくなることの怖さだ。

これを知るともっと見たくなる

鬼教官は元海兵隊員

サディスティックなハートマン軍曹を演じたR・リー・アーメイ（１９４４〜２０１８）は元海兵隊員で、ベトナム戦争中、実際に教練指導官として新兵育成に当たっていた。退役後、映画『**地獄の黙示録**』にアドバイザー兼俳優として参加。『フルメタル・ジャケット』でも当初はアドバイザーだったが、演技指導の迫力を見たキューブリック監督が抜てきした。

　せりふの一部はアーメイ自身が発案、アドリブで新兵を罵倒した場面もあったという。この好演が評価され、以降、数多くの映画に出演、『**トイ・ストーリー**』の声優などとしても活躍した。

▶キネマ旬報ベスト・テン外国映画２位。

1988年　ギリシャ・フランス・イタリア▼監督＝テオ・アンゲロプロス　59

『霧の中の風景』

〝希望〟を求め旅する姉弟

出演＝タニア・パライオログウ、ミカリス・ゼーケ、ストラトス・ジョルジョグロウほか。

ギリシャの首都アテネ。手をつないだ幼い姉弟が毎夜、駅を訪れ、ドイツ行きの国際急行列車が発車するのを見つめている。

ヴーラ（タニア・パライオログウ）は11歳、アレクサンドロス（ミカリス・ゼーケ）は5歳。会ったことがなく顔も知らない父親が「ドイツに住んでいる」と、母親から聞かされているのだ。ある夜、父親への思慕を抑えきれなくなった2人はお金もパスポートも持ってないのに、列車に飛び乗ってしまう。

テオ・アンゲロプロス監督『霧の中の風景』は、こんなふうに始まる。そして、観客は、彼らの旅の目標が実現不可能なものであることを、早い段階で知らされる。

無賃乗車が見つかり途中で降ろされた姉弟は、近くの工場で働く伯父の元に連れて行かれる。だが、伯父は姉弟を預かるのを拒否し、ドイツの話は妹（姉弟の母親）の作り話だと警察官に言う。「父親なんかいやしない」。伯父の言葉を聞いたヴーラは怒る。「うそ、お父さんはドイツにいる」。そうして、2人は、〝希望〟を捨てず、過酷な旅を続けるのだ。

アンゲロプロス作品に共通する、鮮烈で詩情あふれる映像に圧倒される。雪が降り始め、立ち止まって空を見上げる人々の間を、警察署から逃げ出した2人が走る場面。海に浮かぶ巨大な手の彫刻をヘリコプターで運ぶ場面。そのまま絵画になりそうな場面も多い。

旅の途中では、監督の代表作『旅芸人の記録』の旅芸人一座との出会いもある。一座の運転手をしている青年、オレステス（ストラトス・ジョルジョグロウ）へのヴーラの初恋は、美しく悲しい。

タイトルは、オレステスが街路で拾うフィルムの切れ端から。

「見てごらん。霧の向こう。遠くに木が1本」。

オレステスは言うが、姉弟には何も見えない。だが……。

旅の過程で、少女から女性へと成長していくヴーラ。幼すぎて、姉を守るすべもないアレクサンドロス。姉弟の関係がラストでどう変化するのかも注目してほしい。当たり前だが、子どもにとって親の存在がいかに重要なのか、ということを考えさせる作品でもある。

これを知るともっと見たくなる　テッサロニキ

海に浮かんでいた巨大な手が運ばれる場面は、アテネに次ぐギリシャ第2の都市テッサロニキで撮影されている。

『**永遠と一日**』や『**エレニの旅**』など、アンゲロプロス作品ではおなじみの北ギリシャの港町。紀元前からの長い歴史を持つこの町では、毎年11月にテッサロニキ国際映画祭が開かれている。

実は筆者は1994年にこの映画祭を取材。市内で『**ユリシーズの瞳**』を撮影していたアンゲロプロス監督の現場を訪ねることができた。ゆっくりインタビューすることができなかったのが残念だが、そのときの監督の表情と、テッサロニキの鈍い灰色の空を今も懐かしく思い出す。

▶ベネチア国際映画祭で銀獅子賞受賞。キネマ旬報ベスト・テン（1990年）外国映画3位。現在ＤＶＤの発売なし。127分。カラー。

1989年　アメリカ▼監督＝ブルース・ベレスフォード　⑥⓪

『ドライビングＭｉｓｓデイジー』

人生最晩年の友情物語

出演＝ジェシカ・タンディ、モーガン・フリーマン、ダン・エイクロイドほか。

『ドライビングＭｉｓｓデイジー』のヒロインは、米国南部アトランタで暮らす、ちょっとがんこなユダヤ系の老婦人デイジー・ワサン（ジェシカ・タンディ）だ。１９４８年のある日。夫に先立たれ、１人暮らしをしているデイジーは、運転操作を誤り、車を壊してしまう。紡績会社を経営する息子ブーリー（ダン・エイクロイド）は、母を案じて、老境に差し掛かった黒人男性ホーク（モーガン・フリーマン）を運転手に雇う。最初はホークを拒絶していたデイジーだが、陽気で正直な彼に次第に心を開いていく。

90年3月の第62回米アカデミー賞で、作品賞などとともに、当時80歳のタンディが主演女優賞を最高齢で受賞した名作。その時以来久しぶりに見たが、扱われているテーマが現在にも通じ、今見ても面白いのに驚いた。

印象的な、こんなエピソードがある。ある年、デイジーは、アラバマ州に住む兄の誕生日会に、ホークの運転する車で向かう。その途中、黒人への差別意識をあらわにした白人警官２人に職務質問を受ける。結局、不審点を見つけ出せなかった警官らは、ホークとデイジーの車が立ち去るのを見ながら、言う。「黒人のじいさまとユダヤ人のばあさまか。いい組み合わせだ」

※ＤＶＤが株式会社ＫＡＤＯＫＡＷＡから発売。98 分。カラー。ＤＶＤは 2800 円＋税

※

その後、66年にユダヤ教礼拝所の爆破事件が起きたことや、アトランタで開かれたキング牧師の夕食会にデイジーが参加することも描かれる。人種差別が厳然と存在する社会。それを何とか克服しようとする人々の努力。89年公開のこの映画の中では、希望の光が見えるように感じられるのに、現在の米国では、再び憎悪が優勢になってきているように思える。

少し横道にそれたが、この映画の最大の魅力は、タンディとフリーマンの絶妙な掛け合いだ。息子から「ボケないのが困る」と言われるほど、誇り高い生き方を貫いてきたデイジーに、突然、その日が訪れる。その後のデイジーとホークの関係も、見どころの一つだ。

人生の最晩年にこんな友だちがいれば、どんなに幸福だろう。温かくて、勇気をもらえる作品だ。

これを知るともっと見たくなる
巧みに老いを表現

デイジーの運転手ホークは、映画の中盤で自分のことを「70歳の大人」と言う。映画ではその後20年ほどが経過するのだから、終盤は90歳の老人を演じているわけだ。

ホーク役のモーガン・フリーマンは、公開時はまだ52歳だった。だが、足を棒のように引きずる歩き方などで、巧みに老いを表現している。小津安二郎監督の**『東京物語』**で、当時49歳だった笠智衆が、老父を見事に演じたことを思い出させるような名演技だった。

フリーマンは『ドライビング—』で米アカデミー賞主演男優賞にノミネートされ、以後**『ショーシャンクの空に』**などで、米国を代表する実力派男優として活躍している。

▶米アカデミー賞で作品賞、主演女優賞など４部門で受賞。キネマ旬報ベスト・テン外国映画８位。

1989年　アメリカ▼監督＝スパイク・リー

61

『ドゥ・ザ・ライト・シング』

愛と憎しみ、どちらを選ぶ

出演＝スパイク・リー、ダニー・アイエロ、サミュエル・L・ジャクソンほか。

どんな人の心にも差別意識は存在する。大切なのはその先だ。異なる人種、民族であっても、他者を愛するのか、それとも憎むのか？　スパイク・リー監督は一見挑発的な作品を通して、こう問い続けてきた。アフリカ系米国人の旗印を鮮明にし、米国内の人種差別を告発する。だが、闘う監督というイメージが強い彼の作品の本当の魅力は、メッセージ性とともに娯楽性を併せ持っていることだ。

２０１９年の米アカデミー賞で脚色賞を受賞した『ブラック・クランズマン』や、この『ドゥ・ザ・ライト・シング』にはそんな特質がよく現れている。

ニューヨーク市ブルックリン区の一角。住民の大半を黒人が占める地域に、イタリア系のサル（ダニー・アイエロ）が経営するピザの店がある。その店の配達員として働いているのが、リー監督自身が演じる主人公ムーキー。物語は、その年一番の暑さが予想される真夏の朝から始まる。

登場人物が実に多彩だ。ムーキーに『ドゥ・ザ・ライト・シング』（正しいことをしろ）と説く、市長というあだ名の酒好きな老人。巨大なラジカセを持ち歩く少年。サルの店に飾っている写真に「黒人がいない」と難くせを付けるムーキーの友人。ベンチに座り、終日おしゃべりをしている３人組のおじさんたち。

※ブルーレイ、DVDがＮＢＣユニバーサル・エンターテイメントから発売。120分。カラー。
ブルーレイは1886円＋税、DVDは1429円。
 ※2020年３月の情報です。

こうした黒人コミュニティーの人々に加え、働き者だが黒人の住民には嫌われている食料品店経営の韓国人夫婦や、黒人を嫌うサルの息子なども印象的に描かれる。

映画の後半、うだるような暑さの中で、人々の心に芽生えた怒りや憎しみが次第に増殖し、あるきっかけで爆発する。そして、口は悪いが、人一倍この町を愛し、決して偏狭な差別意識の持ち主ではないサルの店が暴動のターゲットになる。いったん歯止めがなくなると、暴力はどこまでエスカレートするのか。集団心理の恐ろしさも含め、そのありさまがリアルに描かれていく。

※

憎しみではなく愛を、と言葉で言うのはたやすい。だが、それを実践するのは難しい。「正しいこと」とは何か。その答えは観客に委ねられている。

これを知るともっと見たくなる 暴力をめぐる二つの言葉

映画のラストに「人種差別に暴力で闘うのは愚かなことである」というマーチン・ルーサー・キング牧師の言葉と、「私は暴力を擁護する者ではないが、自己防衛のための暴力を否定する者でもない。自己防衛のための暴力は〝暴力〟ではなく〝知性〟と呼ぶべきである」というマルコムXの言葉が字幕で出る。

非暴力を貫いたキング牧師はもちろん、過激な黒人解放運動指導者として知られたマルコムXも、暴力を単純に肯定していないことに注意したい。

リー監督には、マルコムXの生涯を描いたデンゼル・ワシントン主演の『**マルコムX**』という作品もある。

▶キネマ旬報ベスト・テン外国映画５位。

1990年　イラン▼監督＝アッバス・キアロスタミ　62

『クローズ・アップ』
虚実の間に優しさが浮かぶ

出演＝モフセン・マフマルバフ、ホセイン・サブジアン、ハッサン・ファラズマンドほか。

アッバス・キアロスタミ監督『クローズ・アップ』は、ユニークで不思議な魅力を持つ作品だ。映画監督に成り済ました青年が逮捕されるという事件を知った監督は、被害者の一家や勾留中の青年を訪ね、インタビューを開始する。

さらに、青年の釈放後に、当事者自らが演じる再現ドラマを撮影。裁判などの記録映像と組み合わせ、完成度の高いセミドキュメンタリー映画に仕上げた。

イランの首都テヘラン。失業中の青年サブジアンは、バスで隣り合わせた婦人に、有名な映画監督のマフマルバフだと名乗り、婦人の自宅に招待される。

彼は、映画好きな一家に、架空の新作映画の話を持ち出し、撮影への協力や出演を依頼、夢をかき立てる。だが、数日後に偽者とばれ、逮捕され、詐欺罪で告訴されて裁判になる。

金品などを含め大きな被害はなかった。では、この事件のどこが、キアロスタミを引き付けたのだろうか？

映画や芸術の勉強をしたかったが、経済的な理由で断念したというサブジアンは、尊敬するマフマルバフ監督のふりをしたかっただけだ、と告白する。そして、監督に成り済ましていた間、普段は体

※ブルーレイ、ＤＶＤがアイ・ヴィー・シーから発売。99分。カラー。
ブルーレイは3840円＋税、ＤＶＤは3040円＋税

※
験することがなかった他者からの敬意を感じることができたと話す。

キアロスタミに対面した彼は、こう訴える。

「私たちの〝痛み〟を描いてください」

映画では、被害者一家が抱える悩みや、ほんの少ししか登場しないタクシー運転手の人生の断片なども描かれる。

どこまでが事実で、どこからがフィクションなのか。見終わった後も、いくつかの疑問は残る。だが、はっきりしているのは、この作品が、映画への憧れに振り回された事件の当事者たちに、映画の魔法をかけて、傷を癒やしたことだ。

最後に、本物のマフマルバフ監督がサブジアンの元に現れ、2人で被害者の家に向かう。途中でサブジアンが花を買う。許し、許されることの優しさを描いたラストシーンが感動的だ。

これを知るともっと見たくなる
アッバス・キアロスタミ

1940～2016年。イランを代表する巨匠。イラン革命後の厳しい検閲下で作った**『友だちのうちはどこ?』**をはじめ、**『クローズ・アップ』**、**『そして人生はつづく』**、**『オリーブの林をぬけて』**などで、世界的に高い評価を受けた。

小津安二郎監督のファンであることを公言。プロの俳優ではない人を起用して、日常と人間の心を描く作風が特長。ほかに**『桜桃の味』『トスカーナの贋作』『ライク・サムワン・イン・ラブ』**などがある。

▶キネマ旬報ベスト・テン（1995年）外国映画9位。

『牯嶺街少年殺人事件』

普遍性持つ青春の悲劇

出演＝チャン・チェン、リサ・ヤン、ワン・チーザンほか。

『ヤンヤン 夏の想い出』（2000年）でカンヌ国際映画祭の監督賞を受賞した台湾のエドワード・ヤン監督は、07年に59歳で亡くなった。没後10年の17年に、代表作の一本である『牯嶺街（クーリンチェ）少年殺人事件』（1991年）のDVDが発売されたのを機に、四半世紀ぶりに再見。優れた映画が時空を超えて観客を感動させる力を持つことを、改めて認識した。

1960年9月、台湾の首都、台北。主人公の小四（シャオスー）（チャン・チェン）は、名門中学（日本では高校に相当）の受験に失敗し、夜間部に通っている。彼の周りには、「小公園」「217」という二つの不良グループがあり、激しい対立を繰り返している。

小四はある日、学校の医務室で、膝にけがをした女子生徒、小明（シャオミン）（リサ・ヤン）と出会う。彼女は「小公園」のボスで、行方をくらましているハニーの恋人だった……。

映画ではその後、小四の周囲で起きるさまざまな出来事が、丁寧に描かれていく。少年たちがバンドを組んでアメリカンポップスを演奏するような、いかにも青春映画っぽいエピソードもあれば、やくざ映画のような血なまぐさい場面もある。さらに、大陸から台湾に渡ってきた「外省人」である小四の両親を通して、外省人が、以前から台湾に暮らしていた「本省人」と対立しているだけではなく、

※ブルーレイ、ＤＶＤがハピネットから発売。236分。カラー。
ブルーレイは6800円＋税、ＤＶＤは5800円＋税。

外省人内部の敵対者狩りがあったことなども明らかになる。

61年に実際に起きた事件を下敷きにしているという映画は、こうして、当時の台湾社会の雰囲気をリアルに伝えることに成功している。そして、不思議なことに、遠く離れた日本の観客にも、ある種の懐かしさを感じさせてくれる。

牯嶺街（クーリンチェ）少年殺人事件※

その一因は、小四一家が住む日本家屋など、台北に残る〝日本的なもの〟のせいかもしれない。だが、それ以上に、少年や少女たちの姿に、国境を超えて共感するものがあるからだろう。

「世界を変えたい」と夢見る少年と、「世界も私も変わらない」と言い切る少女。どの時代、どの国にも共通する普遍的な青春と青春の悲劇が、この映画にはある。

これを知るともっと見たくなる

アジアの人気俳優に成長

映画デビュー作で、主役の小四を演じたチャン・チェンは、１９７６年生まれ。父は、映画の中でも小四の父親を演じた台湾の名優、チャン・クオチュー。小四の兄役を演じたのも、チェンの実の兄だった。

チェンはその後、俳優としてキャリアを積み、今や、アジア圏を代表する人気俳優として活躍中。主な出演作に、ウォン・カーウァイ監督**『ブエノスアイレス』『グランド・マスター』**、アン・リー監督**『グリーン・デスティニー』**、ホウ・シャオシェン監督**『黒衣の刺客』**などがある。

▶キネマ旬報ベスト・テン外国映画２位。

64 1991年　アメリカ▼監督＝ジョナサン・デミ

『羊たちの沈黙』
名優競演のサイコスリラー

映画にとって俳優の役割がいかに重要か。ジョナサン・デミ監督『羊たちの沈黙』は、この当たり前のことを思い知らせてくれる作品だ。スピーディーで緊張感に満ち、あっと驚くどんでん返しもある。何度見てもどきどきするサイコスリラーだと感心するが、もしこの主演俳優がジョディ・フォスターとアンソニー・ホプキンスでなかったら、どうだったのだろう。名優2人の競演が、この映画を傑作にした最大の要因だったと思う。

米連邦捜査局（FBI）実習生のクラリス・スターリング（フォスター）は、行動科学課のクロフォード主任捜査官（スコット・グレン）から、ボルティモアで収監中の殺人犯ハンニバル・レクター博士（ホプキンス）との接触を命じられる。バッファロー・ビルと呼ばれる犯人が若い女性を殺害し、皮膚をはがす猟奇的な連続殺人事件が起きている。捜査が難航しているため、ほかの連続殺人犯たちの心理分析を通して、犯人像を絞り込もうというのだ。

精神科医であるハンニバルは、危険な殺人者であると同時に、明晰（めいせき）な頭脳の持ち主で、若いクラリスに対してもいんぎん無礼な態度で振る舞う。隣の房の囚人がクラリスに非礼な行動をしたため、謝罪し、事件へのヒントを与える。どうやら犯人につながる重要な事実を知っているらしい。

出演＝ジョディ・フォスター。アンソニー・ホプキンス、スコット・グレンほか。

※ブルーレイが20世紀フォックス　ホームエンターテイメント　ジャパンから発売中。

そうした中、上院議員の娘がバッファロー・ビルに誘拐される事件が新たに起きる……。

ホプキンスが演じたハンニバルが強烈だ。彼は殺害した人間の臓器を食べる「カニバル」（人食い）であると同時に、他人の心の内側に入り自由に操る力も持っている。この怪物的な犯罪者を、英国生まれで、表情や所作からも気品と知性がにじみ出ているようなホプキンスが演じているのが、何とも言えず薄気味悪い。拘束具や、逃亡場面での残虐行為など、ショッキングな映像もあり、出ずっぱりではないのに、紛れもなく主演男優と感じさせる力があった。

※

ハンニバルはホプキンスの当たり役となり、この後『ハンニバル』（2001年）、『レッド・ドラゴン』（02年）でも演じることになった。まさしく、映画史上に残る名悪役が誕生した作品だった。

これを知るともっと見たくなる
女性捜査官へのセクハラ

『羊たちの沈黙』の成功は、捜査側の主役を女性にしたことにもある。

ジョディ・フォスターが演じる実習生クラリスは、幼いころ、警察署長だった父親が死に、心の傷を抱えてFBIの捜査官を目指してきた。男性が多いFBIの中でクラリスがいかに小柄かという、彼女の状況を示す印象的なショットもある。

クラリスが捜査でボルティモアを訪れると、ハンニバルを収監している医師は「ボルティモアで1泊しないか?」とクラリスを誘う。まさにセクハラ発言だ。クラリスは不快な気分を抑え、上手に受け流す。女性たちは、こうした悔しさを味わい続けてきたのだ。

▶米アカデミー賞で作品賞、監督賞、主演男優賞、主演女優賞、脚色賞の主要５部門を受賞、ベルリン国際映画祭銀熊賞（監督賞）受賞。キネマ旬報ベスト・テン外国映画２位。119分。カラー。

1991年　アメリカ▼監督＝ジョン・アブネット　65

『フライド・グリーン・トマト』

話の続きをもっと聞かせて

出演＝キャシー・ベイツ、ジェシカ・タンディ、メアリー・スチュアート・マスターソンほか。

『風と共に去りぬ』のスカーレット・オハラ、『レオン』のマチルダ。苦難に遭ってもへこたれず、前向きに生きていくヒロインは魅力的だ。

そのすてきなリストにぜひ加えたいのが、ジョン・アブネット監督『フライド・グリーン・トマト』のイジーだ。

舞台は米国の南部。高齢者専門病院に入っている親戚を、夫と一緒に見舞いに来た中年の主婦エブリン（キャシー・ベイツ）は、元気なおばあさんと待合室で出会う。

ニニー（ジェシカ・タンディ）と名乗るおばあさんは、自分の義理の妹だというイジーの思い出話を始める。最初は聞き流していたエブリンは、「彼女があの男を殺したなんてバカげてるわ」というニニーの言葉に、好奇心をかき立てられる。そんな心理を見透かしたかのように、ニニーは、1920年ごろのイジーの幼い日までさかのぼって話を続ける。

勝ち気で乱暴だが、貧しい人々を助ける優しさを持つイジー（成人後はメアリー・スチュアート・マスターソン）。彼女が、親友のルース（ルイーズ・パーカー）を、差別主義者で暴力的な夫から守っていく。もちろん、この夫がニニーが言った「あの男」なのだ。

ニニーの話はドラマチックで面白く、観客はエブリンと同じように、続きをもっと聞きたいという気持ちになる。この過去の物語に、現在の2人の女性の話が重なっていく。全てにおいて自信を喪失していたエブリンは、イジーの勇気ある行動を聞くうちに、元気を取り戻していくのだ。

現在のパートを受け持つタンディとベイツは、いずれも米アカデミー賞で主演女優賞を受賞している大女優。時に笑いを誘う2人の演技はもちろん見事だが、過去のパートの2人も好演し、2組の女性の友情を描いたさわやかな作品になった。

題名は、スライスした青いトマトに、トウモロコシの粉などで衣を付けて揚げた料理の名前。イジーとルースが経営するカフェの看板メニューでもある。

実は見終わった後、一つだけ大きな謎が残る。物語の語り手のニニーとヒロイン、イジーの本当の関係だ。ぜひ、自分の目で見て、推理してほしい。

これを知るともっと見たくなる ファンに伝わるメッセージ

ジェシカ・タンディは『**ドライビングＭｉｓｓデイジー**』で、1990年の米アカデミー賞主演女優賞を受賞。キャシー・ベイツは翌年、流行作家の熱狂的なファンが怖い本性を現す『**ミザリー**』で同賞を受賞した。

その授賞式から9カ月後に米国で公開された『フライド・グリーン・トマト』の中には、ベイツが扮するエブリンが「私はもうホラー映画のヒロインじゃないわ」と言うシーンがある。

これは『ミザリー』の自分自身を指しているせりふなのは、映画ファンにはすぐ伝わってくる。ほかにも、ハンマーで家の壁を壊す場面など、『ミザリー』を思わせるところがあるのが面白い。

▶キネマ旬報ベスト・テン外国映画8位。現在はＤＶＤの発売なし。130分。カラー。

1993年　フランス・ベトナム▼監督＝トラン・アン・ユン　66

『青いパパイヤの香り』

繊細で官能的なアジア映画

出演＝トラン・ヌー・イエン・ケー、リュ・マン・サン、トルゥオン・チー・ロックほか。

見つめ、耳をすまし、触れ、味わい、香りをかぐ——。トラン・アン・ユン監督『青いパパイヤの香り』は、五感を呼び覚ますような官能的な魅力を持つ映画だ。

1951年、南ベトナムの首都サイゴン（現ホーチミン）。田舎から出てきた10歳の少女ムイ（リュ・マン・サン）は、裕福な家に奉公に上がる。

一家は、日がな一日琵琶を弾いている夫（トラン・ゴック・トゥルン）、布地店を営み家計を支える妻（トルゥオン・チー・ロック）、3人の息子、夫の母の6人家族だ。家出癖がある夫が7年前に家出した時、ムイと同い年の一人娘が病死したことを、先輩の奉公人がムイに教えてくれる。料理を習い、掃除や洗濯に明け暮れるムイは、長男の友人クェン（ヴォン・ホア・ホイ）に淡い恋心を抱く。だが、ある夜、一家の夫が金庫の金を持って再び家出する。

ゆったりとしたカメラワーク、巧みな光と影の使い方。これが長編監督デビュー作とは思えないほど、洗練されたテクニックに驚く。けだるい暑さが伝わってくる夜の街路、虫の声、琵琶の音、鳥の鳴き声、パパイアの木の茎からしみ出す白い樹液……。冒頭から10分足らずの間に、これほど印象的な映像と音がある。

※HDニューマスター版のDVD、ブルーレイがハピネット・メディアマーケティングより販売（発売はカルチュア・パブリッシャーズ）。104分。カラー。DVDは3800円＋税、ブルーレイは4800円＋税。

※

「野菜を炒めるコツは強火だよ」。先輩がムイに教える料理は、よだれが出そうだ。熟していない青いパパイアの皮をむいて千切りにし、サラダにするシーンも、もちろん出てくる。

後半は、成人したムイが音楽家として成功したクェンの家に奉公する10年後の話になる。

トラン監督は62年生まれ。12歳の頃に、ベトナム戦争を逃れ、両親と共にフランスに移住。パリで映画を学んだ経歴の持ち主だ。その彼がこの作品で扱ったのが、自分が生まれる前のベトナムが比較的平和な時代だったことに留意したい。

両親の世代に当たる人々の日常を丁寧に描いたこの作品には、故国への強い思いが込められているのだろう。欧米とは異質なアジアの感覚が全編から伝わってくる繊細な作品でもある。

これを知るともっと見たくなる 『ノルウェイの森』も監督

トラン・アン・ユン監督は村上春樹原作の『**ノルウェイの森**』を監督したことでも知られる。『青いパパイヤの香り』で成人したムイを演じた女優のトラン・ヌー・イエン・ケーと、撮影後に結婚。その後も『**夏至**』などの映画で一緒に仕事をしている。

溝口健二監督を敬愛、カメラワークなどで影響を受けたことを表明している。『青いパパイヤの香り』の冒頭、ムイが奉公先の家を捜してサイゴンの街を歩く場面が、溝口監督『**祇園囃子**』で若尾文子扮する10代のヒロインが京都の街を歩く場面を思い出させるのは、そのせいだろうか。

▶カンヌ国際映画祭でカメラドール（新人監督賞）受賞。

1993年　アメリカ▼監督＝スティーブン・スピルバーグ

67

『シンドラーのリスト』
語り継がねばならぬこと

出演＝リーアム・ニーソン、ベン・キングズレー、レイフ・ファインズほか。

『ライフ・イズ・ビューティフル』『戦場のピアニスト』……。第2次世界大戦中のユダヤ人の大虐殺（ホロコースト）をテーマにした名画はたくさんある。中でも代表的な作品が、スティーブン・スピルバーグ監督『シンドラーのリスト』だ。

見直すのをためらっていたこの作品を久しぶりに見た。公開から四半世紀を経ても、新作を見ているような鮮烈な感じを受けるのに驚いた。ユダヤ系のスピルバーグ監督にとって「いつかは取り上げなければならないテーマ」だったことが、真っすぐに伝わってきた。

1939年9月、ポーランドに侵攻したナチス・ドイツは、ポーランド国内の1万人以上のユダヤ人を古都クラクフに「運ぶ」。

ドイツ人実業家、オスカー・シンドラー（リーアム・ニーソン）は、ひともうけをもくろみ、この町にやってきた。ナチス党員の彼は、度胸と話術と賄賂で、軍の上層部に取り入る。ほうろう容器工場を開設し、ユダヤ人の有能な会計士イザック・シュターン（ベン・キングズレー）を雇って、経営を任せる。さらに、安価な労働力としてユダヤ人たちを雇う。

狙い通り、戦争を利用したビジネスは順調に進む。だが、ナチスのユダヤ人弾圧は激化。特に、親

※ブルーレイ、ＤＶＤがＮＢＣユニバーサル・エンターテイメントから発売。195分。モノクロ（一部カラー）。ブルーレイは1886円＋税、ＤＶＤは1429円＋税。
※2020年3月の情報です。

衛隊将校のアーモン・ゲート少尉（レイフ・ファインズ）が、収容所の所長に赴任してからは、ユダヤ人の殺りくが日常的になる。初めは工場の労働力を失うことしか気にならなかったシンドラーは、ゲートらのあまりにも非人間的な行為に迷いを抱き始める。会計士のシュターンとの信頼関係や友情も、彼を後押しする。そして……。

大戦末期に、1100人以上のユダヤ人の命を救ったシンドラーの実話を基にした作品だ。

※

「人間がやることではない！」と叫びたいほど残虐な行為が、現実に人間が行ったことであるという事実に心が朽ちる。

だが、世界中で繰り返された虐殺の歴史は、なかったことにはできないのだ。人間が少しでもましな生き物になれるのだとすれば、つらくても語り継がねばならぬことがある。この映画はそれを教えてくれる。

これを知るともっと見たくなる　戦争の悪

ユダヤ人たちから頼られるようになったシンドラーは、会計士のシュターンに、自分も危ないといら立ちをぶつける。そして「戦争は常に人間の最悪の部分を引き出す。平和なときならあいつも普通の男だ」と、収容所長のゲートを弁護する。

さらにシンドラーが「（ゲートが好きなのは）うまい物と酒、女遊び、金もうけ」と言うと、シュターンは「人殺し」と付け加え、ゲートが25人ものユダヤ人を意味もなく射殺したことを話す。

小津安二郎監督**『秋刀魚の味』**にも「（戦争に負けて）バカな野郎が威張らなくなった」というせりふがある。戦争の悪は世界中共通だ。

▶米アカデミー賞で作品賞、監督賞、脚色賞、撮影賞など７部門で受賞。キネマ旬報ベスト・テン外国映画６位。

1994年　アメリカ▼監督＝フランク・ダラボン

68

『ショーシャンクの空に』

痛快さが人気の秘密

出演＝ティム・ロビンス、モーガン・フリーマン、ボブ・ガントンほか。

フランク・ダラボン監督『ショーシャンクの空に』は、日本の映画ファンの心をつかんだウエルメードな娯楽作品だ。

製作国の米国では、アカデミー賞7部門にノミネートされたが、いずれも受賞を逸した。一方、日本では日本アカデミー賞をはじめ各種のコンクールで最優秀外国映画賞に選ばれたのみならず、現在でも、熱く幅広い支持を受け続けている。

いったい、この映画のどこが、日本人の心の琴線に触れるのだろうか？

1947年、米メーン州のショーシャンク刑務所に、銀行の副頭取だったアンディ（ティム・ロビンス）が入所してくる。妻とその愛人を射殺した罪に問われ、無実を訴えるが「厳重管理の終身刑」を宣告されたのだ。

物語は、この刑務所に長年服役中で、仲間に頼まれた物資の「調達屋」をしているレッド（モーガン・フリーマン）が、アンディとの交流を回想するかたちで進行する。

金の亡者の刑務所長（ボブ・ガントン）、サディスティックな主任官（クランシー・ブラウン）、アンディを性的な対象と狙う悪漢たち。〝刑務所もの〟に欠かせない敵役も勢ぞろいしている。

※ブルーレイ、ＤＶＤがワーナー・ブラザース　ホームエンターテイメントから発売。143分。カラー。ブルーレイは2381円＋税、ＤＶＤは1429円＋税。

孤立していたアンディはレッドに近づき、趣味の鉱物採集を再開するための小さなつるはしの調達を頼む。以来、2人は交友を深め、お互いを信頼していくようになる。

絶望的な状況に追い込まれても「心の中の希望はだれも奪えない」と言うアンディに、レッドは「塀の中では、希望は危険だ」と忠告する。それでも、アンディは希望を持ち続けることができるだろうか。そこが、後半の見どころになる。

※

原作にはない、いかにもハリウッド的なラストを含め、甘すぎると思う部分もある。だが、久しぶりに見直し、エピソードのピックアップの仕方、描き方のうまさに感心した。随所にユーモアや、じんとくる言葉があり、見終わったとき、胸がすくような痛快さがある。おそらく、これが日本での人気の秘密なのだろう。

主役2人も好演。人生を達観したかのようなレッドにフリーマンがぴったりだった。

これを知るともっと見たくなる
映画女優のポスター

原作は、スティーブン・キングの中編小説『刑務所のリタ・ヘイワース』。リタ・ヘイワースは、1940年代にセックスシンボルとして人気を博した米国の女優。劇中に、彼女の代表作『**ギルダ**』が刑務所内で上映される場面があり、その途中でアンディがレッドに、彼女のポスターを調達してくれるように頼む。

アンディは入手したセクシーなポスターを自分の房の壁に張り、刑務所長にも許される。そのポスターはやがて、マリリン・モンロー、ラクエル・ウェルチのものに変わっていく。それだけで、長い時間の経過を表している。

▶キネマ旬報ベスト・テン外国映画1位。

1994年　フランス・アメリカ▼監督＝リュック・ベッソン　69

『レオン』完全版をお薦めしたい

出演＝ジャン・レノ、ナタリー・ポートマン、ゲイリー・オールドマンほか。

映画好きが集まった席で、いろんなジャンルの〝マイベスト〟を披露しあうのは楽しい。迷うことも多いが、「少年、少女が輝く映画」というジャンルでは、自信を持って作品名を挙げられる。

少年部門ではリバー・フェニックスの『スタンド・バイ・ミー』、少女ではナタリー・ポートマンの『レオン』だ。『レオン』で12歳のヒロインを演じたポートマンは、それほど魅力的だった。

舞台はニューヨーク。イタリア系移民のレオン（ジャン・レノ）の職業は「掃除人」、つまりプロの殺し屋だ。ある日、彼はアパートの同じ階に住む少女マチルダ（ポートマン）と知り合う。そして、マチルダの家族が麻薬密売のトラブルから殺された時、生き残った彼女を助けたことから、ドラマが始まる。

『グラン・ブルー』や『ニキータ』などのヒット作を生んだフランスのリュック・ベッソン監督が、初めてハリウッドで撮った作品。

政府に暗殺者に仕立てられる女性を主人公にした『ニキータ』でも「掃除人」を演じたレノが、『レオン』では、純粋で優しい心を持つ孤独な殺し屋を、男くさく演じている。復讐を願うマチルダに説き伏せられ、殺しの技術を教えるようになり、「あなたに恋をしたみたい」と告白されるとドギ

※アスミック・エースより配信中。

マギしてしまうレオンが、かわいい。

2人の関係は、『野性の証明』の高倉健と薬師丸ひろ子や、男女は逆転しているがジーナ・ローランズ主演の名作『グロリア』に通じるところがあり、共感を呼ぶ。悪役のゲイリー・オールドマンの、怖いほどにうまい演技も見どころだ。

※

公開時に映画館で見て、満足したのだが、その後、22分の未公開シーンを加えた「完全版」を見て驚いた。マチルダの飲酒場面など「刺激的過ぎる」とカットされたという場面は、抵抗感なく見られたし、レオンの過去など必要な部分もあると感じた。終盤に出てくる「手りゅう弾のリング」も、完全版を見て、初めて意味がよくわかった。『レオン』は、完全版が劇場公開版よりはるかに優れていると思う。未見の方にはお薦めしたい。

これを知るともっと見たくなる
これが映画デビュー

ナタリー・ポートマンは1981年、イスラエル生まれ。幼少期に米国に移住し、94年公開の『レオン』で映画デビューした。

この作品で、無学なレオンに読み書きや計算を教える利発な少女を演じた彼女は、現実にもハーバード大を卒業した知性派の女優として知られる。

子役出身は大成するのが難しいといわれることもあるが、ポートマンは『**スター・ウォーズ**』新3部作のヒロイン、パドメ・アミダラで人気を確立。2010年公開の『**ブラック・スワン**』で米アカデミー賞主演女優賞を受賞するなど、順調にスター街道を歩んでいる。

▶キネマ旬報ベスト・テン外国映画11位。133分。カラー。

1994年 台湾▼監督＝アン・リー ⑦⓪

『恋人たちの食卓』

家族のつながり温かく描く

出演＝ラン・シャン、ヤン・クイメイ、シルビア・チャンほか。

アン・リー監督『恋人たちの食卓』は、仕事をリタイアした父親と、それぞれに恋愛問題を抱える3人の娘たちを通して、家族のつながりを見つめた映画だ。

長編デビュー作『推手』、次作『ウェディング・バンケット』に続き、台湾の名優ラン・シャンを父親役に起用したリー監督の「父親3部作」と呼ばれるシリーズの最終作だ。

ニューヨークを舞台にし、異文化や世代間のギャップをユーモラスに描いた前2作に比べ、全編を台北で撮影したこの作品からは、ほのぼのとした温かさや、しみじみとした切なさが、よりストレートに伝わってくる。小津安二郎監督の作品に通じるような、深い味わいがある。

チュ（ラン・シャン）は、台北の一流ホテルで料理長を長く務めてきた名シェフ。16年前に妻を病気で亡くし、男手一つで3姉妹を育ててきた。現在の楽しみは、毎週日曜夜、同居している娘たちと一緒に食べる豪華な食事を作ることだ。

ある日、航空会社勤務の次女チアチエン（ウー・チェンリン）が、料理の味がおかしいのに気付く。実はチュは味覚障害になっていたのだ。

父親の老いと時期を同じくして、3人の娘たちに人生の転機が訪れる。

男性との交際に慎重な高校教師の長女チアジェン（ヤン・クイメイ）の前に、新任のバレーボールコーチが現れる。仕事も恋愛も積極的に生きてきた次女は、海外への栄転話がきっかけで自分を見つめ直す。大学生の末娘チアニン（ワン・ユーウェン）は、友人の彼氏に好意を抱く。

3姉妹の恋愛模様と並行して、自らの老いや友人の病死と直面しながら、前向きに生きようとするチュの日常が描かれる。後半、あっと驚く出来事が起き、観客を笑わせ元気にしてくれるのが、3部作に一貫している。

原題は「飲食男女」。映画の中のチュの言葉「飲食男女は人の大欲。思わぬことも難しい。人の一生はそればかりだ」から来ている。

映画の中で大役を担うのが、チュが作る中華料理。おいしそうというレベルを超えて、料理は文化だということを実感させる。

これを知るともっと見たくなる アン・リー

1954年、台湾生まれ。79年、渡米して映画を学ぶ。91年に『**推手**』で映画監督デビュー。次作『**ウェディング・バンケット**』（93年）がベルリン国際映画祭の最高賞、金熊賞を受賞し、世界的な評価を得る。

エマ・トンプソンやケイト・ウィンスレットらが出演した『**いつか晴れた日に**』（95年）で、2度目の金熊賞を受賞。

その後も『**グリーン・デスティニー**』（2000年）で米アカデミー賞外国語映画賞。『**ブロークバック・マウンテン**』（05年）と『**ライフ・オブ・パイ　トラと漂流した227日**』（12年）の2本で、米アカデミー賞監督賞を受賞するなど、活躍を続けている。

▶キネマ旬報ベスト・テン（1995年）外国映画18位。DVD、ブルーレイがマクザム＋オリオフィルムズから発売。124分。カラー。DVDは2500円＋税、ブルーレイは4800円＋税

1995年　イギリス・アメリカ▼監督＝アン・リー

71

『いつか晴れた日に』

良質な時間を味わえる

出演＝エマ・トンプソン、ヒュー・グラント、ケイト・ウィンスレットほか。

アン・リー監督『いつか晴れた日に』は、19世紀初頭の英国上流社会を舞台に、美しい姉妹の恋愛模様を描いた作品だ。原作は『高慢と偏見』などの作品で知られる女性作家ジェーン・オースティンの長編小説『分別と多感』。女性の権利が制限され、結婚が今以上に〝人生の一大事〟だった時代に、分別のある姉エリノア（エマ・トンプソン）と、多感な妹マリアンヌ（ケイト・ウィンスレット）が、理想の結婚と愛を求めていく。

物語は、旧家の当主ダッシュウッド氏が死の床で、全財産を先妻の息子に譲ると遺言するところから始まる。氏は息子に、現在の妻と3人の娘のことも頼むが、息子は妻ファニーの意見に押され、最低限の金しか渡さない。結局、ダッシュウッド夫人と3人の娘は、住んでいた屋敷から出ていくことになる。

次女のマリアンヌは移転先で、誠実なブランドン大佐（アラン・リックマン）に好意を寄せられる。だが、彼女は面白みがない大佐より、若くハンサムな貴族ウィロビー（グレッグ・ワイズ）に引かれていく。

一方、長女のエリノアは義姉ファニーの弟、エドワード（ヒュー・グラント）と互いに好意を抱く。

※ブルーレイ、ＤＶＤがソニー・ピクチャーズ　エンタテインメントから発売。136分。カラー。ブルーレイは2381円＋税、ＤＶＤは1410円＋税

だが、彼には秘密があった……。

大事件が起きるわけではない。ファニーのように意地悪な人がいても、悪人が出てくるわけではない。うわさが支配する狭い社会で、紳士淑女たちが愛と幸福を求めて悩む。その結果、「心より財布」を選ぶ男がいれば、「約束を守るのが何より大切」と誇りを捨てない女もいる。

※

驚くのは、この極めて英国的な作品の監督が、台湾生まれで米国在住のアン・リーであることだ。前作『恋人たちの食卓』まではアジアの家族をテーマにしていたリー監督は、英国の家族の機微を描いた『いつか晴れた日に』の成功で、活躍の場を大きく広げることになった。

全く縁がない遠い世界の出来事なのに、人々の心の動きに共感したり、一喜一憂したりしてしまうのが不思議だ。いい小説を読んだときと同じような、心地よい充実感が残る。

これを知るともっと見たくなる
英国の俳優が勢ぞろい

映画を支えたのが、英国の名優たち。

この作品では脚色も担当し、米アカデミー賞脚色賞に輝いたエマ・トンプソンは、**『ハワーズ・エンド』**（同賞主演女優賞を受賞）や**『日の名残り』**などで知られる英国を代表する女優。

この時点では若手だったケイト・ウィンスレットも、後に**『愛を読むひと』**で同賞主演女優賞を受けた実力派女優だ。

男優陣も**『ノッティングヒルの恋人』**などで人気のヒュー・グラントや、**『ハリー・ポッター』**シリーズでおなじみのアラン・リックマンら英国の俳優で固め、原作の雰囲気を醸し出している。

▶ベルリン国際映画祭で最高賞の金熊賞、米アカデミー賞で脚色賞（エマ・トンプソン）を受賞。キネマ旬報ベスト・テン外国映画10位。

72 1996年 アメリカ▼監督＝ミロス・フォアマン

『ラリー・フリント』

自由を守ることの大切さ

出演＝ウディ・ハレルソン、コートニー・ラブ、エドワード・ノートンほか。

『ラリー・フリント』は、米国のポルノ雑誌「ハスラー」創刊者の波瀾万丈な半生を描いた作品だ。

監督は、2018年に86歳で亡くなったミロス・フォアマン。母国チェコスロバキア（当時）で起きた民主化運動「プラハの春」が旧ソ連によって弾圧された後に、米国に移住。『カッコーの巣の上で』『アマデウス』で、米アカデミー賞監督賞を2度受賞した名匠だ。

この作品では、性を商品にすることで成功したいわば金ぴかのアメリカンヒーローを素材にしながら、表現の自由を守ることの大切さを訴える映画に仕上げている。

1952年、米国ケンタッキー州。ラリーとジミーの幼い兄弟は、密造酒をつくり売っている。貧しさから抜け出すために「真面目に稼ぎたい」。それがラリーの願いだ。

20年後、オハイオ州。ラリー（ウディ・ハレルソン）は、ジミー（ブレット・ハレルソン）と共に、ストリップクラブ「ハスラー」を経営している。客寄せのために、クラブで働く女性のヌード写真を載せた会報を発行したのが、出版業に進出するきっかけになった。

やがて、彼はポルノ雑誌「ハスラー」を創刊。ジャクリーン・ケネディ・オナシスの隠し撮り写真を掲載した号が爆発的に売れ、大富豪になる。しかし、過激な編集方針が保守層に嫌われ、わいせつ

※ＤＶＤ『ラリー・フリント　コレクターズ・エディション』がハピネットから発売。129分。カラー。ＤＶＤはスペシャルプライスで発売中。

罪などで何度も逮捕されることになる。

ラリーは青年弁護士アラン（エドワード・ノートン）の助けを借りて裁判で争う。自らも「忌まわしいのは、セックスではなく、戦争だ」と主張。性表現を規制しようとする勢力と闘い続ける。

特筆したいのは、ラリーの妻アルシア役のコートニー・ラブ。10代でストリッパーを経験し、ドラッグのうわさもあった彼女が、まさに彼女のためにあるような役を、見事に演じ切っている。ラリーとアルシアの傷だらけの愛情が、泥沼に咲く花のように輝いている。

「何かが不愉快だからと壁を作れば、ある朝突然思いもせぬ場所に、壁を作られることになる。そして何も見えなくなる」。ラリーの弁護士アランの弁論が、現在のトランプ政権下の米国の状況に奇妙に符合している。もちろん、日本も無縁ではない。

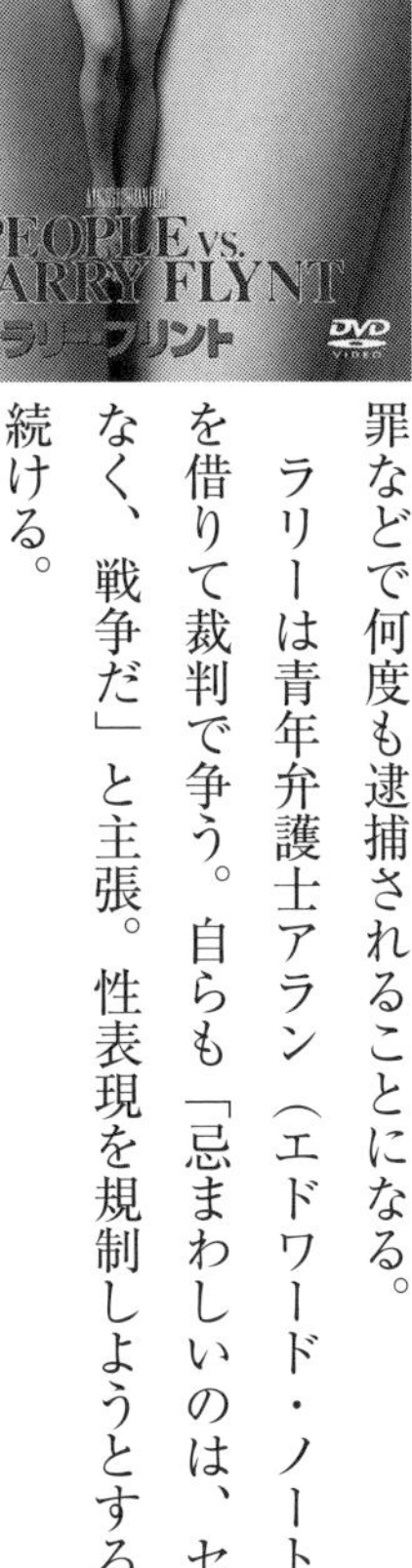

※

これを知るともっと見たくなる　ウディ・ハレルソン

自分勝手だが、逆境にへこたれず、目標に向かって突き進む主人公ラリーを好演。この作品で、米アカデミー賞主演男優賞にノミネートされた。

映画の中で、ラリーの弟ジミーを演じたブレット・ハレルソンは実弟。

1961年生まれ。オリバー・ストーン監督『**ナチュラル・ボーン・キラーズ**』（94年）の凶悪な青年役で注目され、あくの強い役柄で活躍している。2017年の『**スリー・ビルボード**』では、主人公に怒りをぶつけられる警察署長を演じ、アカデミー賞助演男優賞にノミネートされた。

▶第47回ベルリン国際映画祭で最高賞の金熊賞受賞。キネマ旬報ベスト・テン（1997年）外国映画10位。

73

『ファーゴ』
全編貫く黒いユーモア

出演＝フランシス・マクドーマンド、ウィリアム・メイシー、スティーヴ・ブシェミほか。

兄弟で映画を作り続けているコーエン兄弟の兄ジョエルが監督する『ファーゴ』は、彼らの特長である黒いユーモアが全編を貫く映画だ。

冒頭「これは実話の映画化である。実際の事件は１９８７年ミネソタ州で起こった……」と字幕が出て「物語」が始まる。一面の雪景色、新車をけん引した乗用車が走っている。目的地は、米国ノースダコタ州の都市ファーゴにある酒場だ。約３５０キロ離れたミネソタ州ミネアポリスから、車を運転してきたジェリー（ウィリアム・メイシー）は、いかにも柄が悪いカール（スティーヴ・ブシェミ）とゲア（ピーター・ストーメア）の2人組に、酒場で会う。

義父が社長の自動車販売店で働くジェリーは、多額の借金を解消するため、知人に紹介された2人に、妻ジーンの〝誘拐〟を頼みに来たのだ。義父に身代金を出させ、山分けする計画だった。だが、ジーンを誘拐した2人組は、アジトに向かう途中、警察官を射殺、目撃者まで殺してしまう。現場を管轄する警察署の女性署長マージ（フランシス・マクドーマンド）が捜査を開始する。

ここまで約33分。上映時間の3分の1が過ぎている。主演女優としてはやや遅すぎる登場だが、マージは圧倒的な存在感で、それ以降の物語をぐいぐい引っ張っていく。

※ブルーレイが20世紀フォックス　ホームエンターテイメント　ジャパンから発売中。

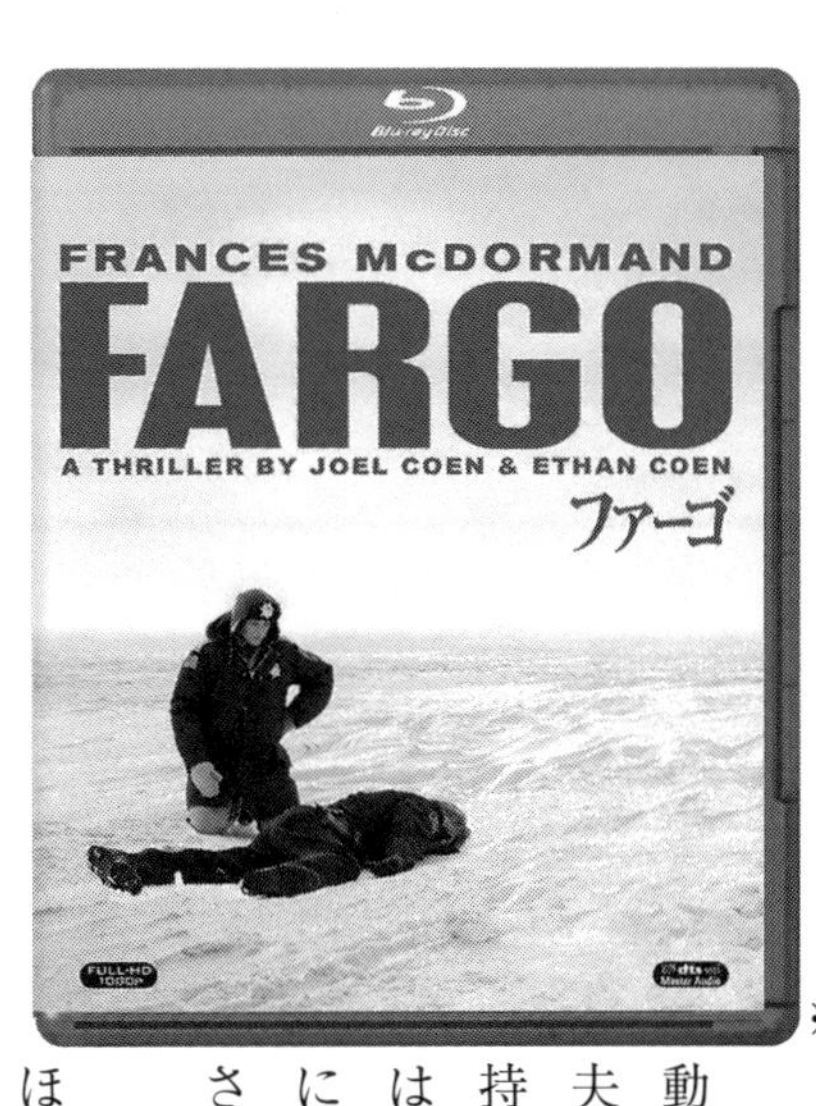

※

妊娠8カ月で、おなかが大きいのに、死体を見ても全く動じず、直後に、署にランチを届けに来たアーティストの夫と一緒に、ハンバーガーを平らげる。優れた捜査能力を持ち、あらゆる面でどっしりとした強さを感じさせる彼女は、観客に不思議な安心感を与えてくれる。それが、随所に暴力的で残酷な場面があっても、映画全体を不快に感じさせない一つの理由だろう。

ジェリーや2人組ら男たちのひどさは度外れで、滑稽なほどだ。こうした人間の愚かさを笑いのめしながら、受け入れる。コーエン兄弟の作品に共通する視点が、この映画の奇妙な温かさにつながっている。

ところで、冒頭の字幕だが、実はこれも「物語」の一部なのだ。まさに、人を食ったコーエン流ユーモアと言うしかない。

これを知るともっと見たくなる コーエン兄弟

ジョエル・コーエン（1954年生まれ）とイーサン・コーエン（57年生まれ）の兄弟は、米国の映画監督、脚本家、映画プロデューサー。共同で映画製作を続けている。

代表作には、カンヌ国際映画祭で最高賞のパルムドールを受賞した『**バートン・フィンク**』、米アカデミー賞で作品賞、監督賞などを受賞した『**ノーカントリー**』など。

『ファーゴ』は、監督がジョエル、脚本はジョエルとイーサン、製作はイーサンが担当している。

主演のフランシス・マクドーマンドは、ジョエルの妻。『ファーゴ』と『**スリー・ビルボード**』で、アカデミー賞主演女優賞を2度受賞している。

▶米アカデミー賞で主演女優賞、脚本賞を受賞。カンヌ国際映画祭監督賞受賞。キネマ旬報ベスト・テン外国映画4位。98分。カラー。

1996年　イギリス▼監督＝マイク・リー　㉔

『秘密と嘘』

人生の機微優しくリアルに

出演＝ブレンダ・ブレッシン、ティモシー・スポール、マリアンヌ・ジャンバプティストほか。

誰にも言えない「秘密」や、その場しのぎの「うそ」。何十年か生きていれば、大抵の人は自分にも思い当たることがあるはずだ。マイク・リー監督『秘密と嘘』は、そうした人間の弱さ、人生の機微を優しく見つめた作品だ。

シンシア（ブレンダ・ブレッシン）は、ロンドンで、20歳の娘ロクサンヌ（クレア・ラッシュブルック）と暮らす中年の白人女性。結婚したことはなく、娘には父親の名前すら明かしていない。段ボール工場で働き、日々の糧を得ているが、母娘関係はぎくしゃくし、友人もなく、孤独な毎日を送っている。そんな彼女に、ある日、ホーテンス（マリアンヌ・ジャンバプティスト）という女性から電話がかかってくる。実は彼女は、シンシアが10代で産み、顔も見ることがなく養子に出した娘だったのだ。初めは取り乱したが、思い直して会ったシンシアは、ホーテンスが黒人であることに仰天する……。

こう書くと、ショッキングな事実で観客を驚かせ、引っ張っていく映画のように思えるかもしれない。だが、それは違う。この映画の魅力は、物語の骨格をがっしりと組み立てた上で、ライブのような感覚で、人々の揺れ動く感情をリアルに描いているところにある。

※アスミック・エースよりデジタル配信中。

※

時間をかけて、俳優たちと登場人物のキャラクターを練り上げ、撮影時には即興のように演じさせるというのが、リー監督の演出の特徴だ。それが、後半のヤマ場となるロクサンヌの21歳の誕生パーティーの場面で、最高に生きている。

主演のブレッシンがうまい。思慮に欠けるところもあるが、情が深くて愛らしいシンシアになりきっている。対照的に、理知的で冷静なホーテンス役のジャンバプティスト、シンシアの弟で写真館を経営するモーリス役のティモシー・スポールもいい。皆、まるで現実にいる人たちのように、身近に感じられる。

ところで、ホーテンスがシンシアを見つけることができたのは、養子縁組文書がきちんと保管されていたためだ。真実にたどり着くために、文書がいかに大切なのか、この映画からもよくわかる。

これを知るともっと見たくなる
現在は警部役で活躍

シンシアを演じたブレンダ・ブレッシンは、１９４６年生まれの英国の女優。20代後半で離婚後、演劇学校に通い、テレビ、舞台に出演。90年代からは映画にも活躍の場を広げた。『秘密と嘘』ではカンヌ国際映画祭の女優賞や、ゴールデングローブ賞の最優秀主演女優賞（ドラマ部門）を受賞。米アカデミー賞でも主演女優賞にノミネートされた。

演技派としてその後も活躍を続け、現在は英国の人気テレビシリーズ『ヴェラ～信念の女警部～』の主役として活躍中。２０１１年から始まったこのドラマは、20年現在、英国ではシーズン10まで放送されており、日本でもミステリー専門のチャンネルで放送されている。

▶カンヌ国際映画祭で最高賞（パルムドール）、女優賞を受賞。キネマ旬報ベスト・テン外国映画１位。142分。カラー。

1996年　イギリス▼監督＝ダニー・ボイル

75

『トレインスポッティング』

若者の心をつかんだ

出演＝ユアン・マクレガー、ロバート・カーライル、ユエン・ブレムナーほか。

ダニー・ボイル監督『トレインスポッティング』は、はっきり言って、バカっぽくて汚らしい映画だ。主人公は薬物中毒のハチャメチャな若者たちだし、食事中には絶対見たくない映像が何カ所もある。にもかかわらず、この映画が世界中で大ヒットし、国境を超えた若者たちに支持されたのは、なぜだろう。もちろん、生きがよくてとんがった映像や音楽の力もある。これをきっかけに大スターとなったユアン・マクレガーら、俳優たちのかっこよさも大きな力になっただろう。だが、おそらく最大の理由は、映画を見た若者たちが、大人にはわからない自分たちの本当の気持ちが描かれている、と感じたためだと思う。

ドラムの強烈なビートで始まるイギー・ポップの「ラスト・フォー・ライフ」が流れ、追われている2人の若者が全速力で走って逃げる映像から、映画が始まる。レントン（マクレガー）と、スパッド（ユエン・ブレムナー）だ。

「人生で何を選ぶ？」。レントンの独白が映像にかぶる。「出世、家族、大型テレビ……健康、低コレステロール……住宅ローン……腐った体をさらすだけのみじめな老後……それが〝豊かな人生〟、だがおれはごめんだ」そう言う彼が選ぶのが、スパッドやシック・ボーイ（ジョニー・リー・ミラー）

※DVDがソニー・ピクチャーズ　エンタテインメントから発売。93分。カラー。
ブルーレイは1800円＋税、DVDは1280円＋税。
※ジャケットのデザインは都合により変更される場合があります。

※

ら悪友と一緒に麻薬に溺れる刹那的な生き方だ。彼らは、〝けんか中毒〟のベグビー（ロバート・カーライル）に引きずられて、悪行を重ねる。レントンは反省した時には、今度こそドラッグをやめようと決意するのだが……。

米アカデミー賞の作品賞、監督賞などを受賞した『スラムドッグ$ミリオネア』（２００８年）のボイル監督が、１９９６年のこの作品では、まっとうな大人になることを拒否しながら、自分の生き方をうまく見つけられない若者たちを、時にはユーモラスに、時には叙情的に、想像力にあふれた映像で描いている。トレインスポッティングは、元々「鉄道おたく」を意味する英語。レントンの自室の壁紙が、電車の絵なのと関係があるのだろうか。

これを知るともっと見たくなる

20年後の続編

２０１７年に公開された続編が『**T２　トレインスポッティング**』。ダニー・ボイル監督をはじめ1作目の主要な俳優たちが勢ぞろいして、若者たちの20年後の姿を描いている。

1作目の後、ユアン・マクレガーは『**スター・ウォーズ**』シリーズのオビ＝ワン・ケノービ役をはじめ、『**ムーラン・ルージュ**』『**ゴーストライター**』など話題作に主演する大スターとなった。ベグビー役のロバート・カーライルも『**フル・モンティ**』の主演などで活躍している。実人生では大きく飛躍した彼らが、『**T２**』の中で見せるダメ中年の顔も楽しい。

1997年　香港▼監督＝ウォン・カーウァイ

76

『ブエノスアイレス』

傷つけ合う愛、さすらう心

出演＝レスリー・チャン、トニー・レオン、チャン・チェンほか。

香港映画界の俊英、ウォン・カーウァイ監督の『ブエノスアイレス』は、互いを求めながら傷つけ合うことしかできないカップルが、やり直すチャンスを求めて、地球の裏側まで旅する物語だ。『欲望の翼』『恋する惑星』『花様年華』などカーウァイ監督の他の作品と同じように、甘い痛みに満ちたスタイリッシュな作品だが、一つだけ大きく異なる点がある。それは、求め合う2人が男性ということだ。

ファイ（トニー・レオン）とウィン（レスリー・チャン）は、行き詰まった関係を変えようと、香港からアルゼンチンにやってくる。ウィンの決まり文句は「やり直そう」だ。だが、イグアスの滝に向かうドライブ中にけんか別れし、ファイはブエノスアイレスのタンゴバーでドアマンの職に就く。ある日、そのバーに、ウィンが白人の男性と一緒に訪れ、再会。ファイに「やり直そう」と迫る……。

脚本がなく、即興劇が主体の映画だという。撮影中にストーリーが二転三転し、大幅にカットされたシーンがあったことなどが、ドキュメンタリー映画『ブエノスアイレス　摂氏零度』で明かされている。悪く言えば、行き当たりばったりの作り方なのだが、その分、逆に作り手の感性がストレートに伝わってくる。

※アスミック・エースよりデジタル配信中。

※

カーウァイ作品を支えてきたオーストラリア出身のカメラマン、クリストファー・ドイルの映像は本作でも見事だ。全編に流れるアストル・ピアソラの切ないメロディーも、愛とさすらいの物語にぴったり合っている。

真面目なファイ、投げやりだけどセクシーなウィン。トニー・レオンとレスリー・チャンは、外見も含めて、まさに、役と重なっている。激しいベッドシーンも、2人の美しさゆえに、抵抗感なく見られる。こうした愛は、男女の愛とどこが違うのだろう？　そんなメッセージも含まれているのかもしれない。

「やり直そう」。ウィンの言葉を振り切った後で、ファイは思う。「会いたいと思えば、いつでもどこでも会える」。もちろん、2人は二度と会うことはないのだ。

これを知るともっと見たくなる
レスリー・チャン

1956～2003年。1993年の第6回東京国際映画祭で、主演した『**さらば、わが愛～覇王別姫**』が特別招待作品となり、来日した際にインタビューした。

この作品では京劇の女形役者を演じ、同性愛的な感情を表現した。そのとき自分が書いた記事の書き出しはこうだ。「『セクシーだねえ』。初めて会った鈴木清順監督が、そう評したという」

さわやかな笑顔が印象的な美男子だった。

俳優だけでなく歌手としても活躍していたが、2003年4月1日、香港のホテルで飛び降り自殺した。46歳だった。

▶カンヌ国際映画祭監督賞受賞。キネマ旬報ベスト・テン外国映画6位。96分。カラー。

1997年　イギリス▼監督＝ピーター・カッタネオ

77

『フル・モンティ』

おじさんたちへの応援歌

出演＝ロバート・カーライル、マーク・アディ、トム・ウィルキンソンほか。

人生は晴れの日ばかりではない。気分が落ち込むと、笑って元気になれる映画を見たい。そんなときぴったりなのが、英国のコメディー『フル・モンティ』（ピーター・カッタネオ監督）だ。

失業中の中年男たちが一攫千金を狙って、男性ストリップショーを企画する。一体どんな映画なのかと思うが、これが実によくできている。多少の下ネタはあるが、下品になりすぎず、一生懸命生きている普通のおじさんたちを励ます温かい応援歌になっている。

主力産業である鉄鋼業の不況にあえぐイングランド中部の都市、シェフィールド。失業中のガズ（ロバート・カーライル）は、巡業にやってきた男性ストリップ集団に女性たちが熱狂しているのを見て、自分らもストリップをやろうと思いつく。

「太っているから嫌だ」と断る失業仲間で親友のデイヴ（マーク・アディ）を説得。失業後の悩みから自殺を図ろうとしていたロンパー（スティーブ・ヒューイソン）も巻き込む。さらに、製鉄所時代の上司だったジェラルド（トム・ウィルキンソン）が社交ダンスを踊れるのを知って、無理やり仲間に入れる。

これに、〝オーディション〟に合格した2人を加え、6人のメンバーがそろう。練習を続け、ショー

※ブルーレイが20世紀フォックス　ホームエンターテイメント　ジャパンから発売中。

※の日程も近づく。だが、ポスターを見た女性にばかにされ、ガズは「全部脱いで、すっぽんぽん（フル・モンティ）になる」と言ってしまう。
　展開がスピーディーで小気味よい。職安のラジオから、ダンスの練習で使っている曲が流れてきて、行列していたメンバーたちが無意識で踊り出す場面など笑わせる場面も多い。

　一方で、各自が抱える問題もきちんと描かれている。離婚した妻に養育費を払えないと、大好きな息子の親権を失ってしまうガズ。全てに自信が持てなくなったデイヴ。失業を半年間も妻に隠しているジェラルド。

　金もなく仕事もなく、もはや若さすらもない。そんな中高年の男たちが、衣服を脱ぎ捨て自分自身をさらけ出すとき、誇りを取り戻し、輝いて見えるのがすてきだ。

これを知るともっと見たくなる

米国文化の浸透

　炭鉱ストライキを背景にした**『リトル・ダンサー』**や、閉鎖に直面した炭鉱のブラスバンドの物語**『ブラス！』**など、英国映画には、不況や失業問題を扱った秀作が多い。『フル・モンティ』にも、『ブラス！』を思い出させるようなブラスバンドの場面がある。

　面白いのは『フル・モンティ』の中の米国文化。巡業中の「チッペンデールズ」は米国でスタートした男性ストリップ集団、練習で流す「ホット・スタッフ」は米国の歌手ドナ・サマーのヒット曲、踊りの勉強で見る**『フラッシュダンス』**も1983年に公開されヒットした米国映画だ。米国文化が英国に浸透していることがよくわかる。

▶英アカデミー賞で作品賞、主演男優賞などを受賞。米アカデミー賞作曲賞受賞。キネマ旬報ベスト・テン外国映画5位。91分。カラー。

1998年　フランス・ドイツ・ユーゴスラビア▼監督＝エミール・クストリッツァ

78

『黒猫・白猫』生の賛歌に満ちた爆笑喜劇

出演＝バイラム・セヴェルジャン、スルジャン・トドロヴィッチ、ブランカ・カティチほか。

エミール・クストリッツァ監督『黒猫・白猫』は、ハチャメチャなドタバタ喜劇だ。ろくでなしの男たちが大勢登場し、どぎついユーモアに彩られたドラマを猛烈なテンションで展開する。だが、大笑いして見ているうちに、初めは汚らしいと感じていた登場人物たちを、次第に好きになり、最後はカッコよく見えてくるのが不思議だ。

きっと、映画の底に、生きることへの賛歌が流れているせいだろう。

ドナウ川のほとりに住む少数民族ロマ（ジプシー）の一族。父親のマトゥコ（バイラム・セヴェルジャン）は、ギャンブル好きのダメ人間だ。一獲千金を夢見て失敗を繰り返したあげく、暴力でのしあがってきたダダン（スルジャン・トドロヴィッチ）に石油列車強奪計画を持ち掛ける。だが、これも失敗。マトゥコは結局、息子のザーレ（フロリアン・アイディーニ）とダダンの妹アフロディタ（サリア・イブライモヴァ）との結婚話をダダンに強要され、のんでしまう。ザーレにはイダ（ブランカ・カティチ）という相思相愛の恋人がいて、アフロディタも愛のない結婚を拒否する。だが、ダダンは強引に結婚を進めようとする。

クストリッツァ監督は、旧ユーゴスラビアのサラエボ（現ボスニア・ヘルツェゴビナの首都）出身。子どものころから、近くに暮らす「ジプシーの友人たち」と親しみ、彼らの生き方に憧れていたことを明かしている。

前作『アンダーグラウンド』では、半世紀にわたる母国の紛争史を寓話化したのに対し、この作品では、政治的、社会的なテーマを意識的に避けているように見える。それは、実は、ロマの人々が、1990年代のユーゴスラビア紛争で迫害の対象になったこととも無縁ではないだろう。

本当に人間らしい生き方とは何なのか。そんな問いかけが、笑いの向こうに横たわっている。

映画『カサブランカ』を偏愛するロマのゴッドファーザー。お尻でくぎを抜く歌手。結婚の〝立会人〟となる黒猫、白猫。おバカな人生は素晴らしい、と叫びたくなる傑作なエピソードが満載だ。

これを知るともっと見たくなる　世界三大映画祭で受賞

エミール・クストリッツァ監督は1954年生まれ。

カンヌ国際映画祭で『**パパは、出張中！**』と『**アンダーグラウンド**』で、最高賞（パルムドール）を2度受賞したのをはじめ、ベルリン国際映画祭では『**アリゾナ・ドリーム**』で審査員大賞（銀熊賞）、ベネチア国際映画祭では『黒猫・白猫』で銀獅子賞（監督賞）と、世界三大映画祭すべてで、大きな賞を受賞している。

俳優も務め、『**オン・ザ・ミルキーロード**』では監督、主演している。『**ライフ・イズ・ミラクル**』の舞台になったセルビアの村を買い取り、毎年、映画祭を主催していることでも知られる。

▶ベネチア国際映画祭で銀獅子賞（監督賞）受賞。キネマ旬報ベスト・テン外国映画７位。ＤＶＤがキングレコードから発売。129分。カラー。ＤＶＤは1900円＋税

『マグノリア』

緻密で奔放、スピーディー

出演＝トム・クルーズ、ジェレミー・ブラックマン、ジュリアン・ムーアほか。

ポール・トーマス・アンダーソン監督『マグノリア』は、いい意味で作り手の若さを感じさせるバイタリティーにあふれた群像劇だ。

1970年、米国ロサンゼルス生まれのアンダーソン監督は、公開当時29歳。ポルノ業界の内幕を描きヒットした前作『ブギーナイツ』と同じように、テレビのクイズショー番組や攻撃的な自己啓発セミナーなど、華やかだが空疎な世界を舞台に、愛を求める孤独な人間たちの姿を描いている。

アール（ジェイソン・ロバーズ）は、子どもと大人が対決するテレビの人気クイズ番組の制作会社代表。末期がんで死の床にある彼は、看護師のフィル（フィリップ・シーモア・ホフマン）に、かつて捨てた息子を探してほしいと頼む。

ジミー（フィリップ・ベイカー・ホール）は、クイズ番組の司会者。彼もがんで余命2カ月と宣告されている。別居している娘クローディア（メローラ・ウォルターズ）は父親を憎んでいる。

主な登場人物はほかに5人。アールの息子で、「誘惑してねじ伏せろ」と男性会員に説く〝性の伝道師〟になったフランク（トム・クルーズ＝熱演）。アールと財産目当てに結婚したことを悔いる妻リンダ（ジュリアン・ムーア）。さらに、クイズ番組の往年の天才少年と現在の天才少年、クロー

※ＤＶＤがワーナー・ブラザース　ホームエンターテイメントから発売。189分。カラー。ＤＶＤは1429円＋税。

※ディアに一目ぼれする警察官らだ。

彼らの24時間の出来事が、ロサンゼルス郊外のいくつもの場所で、目まぐるしいスピードで同時進行する。そして、登場人物たちの何人かが出会い、つながり、観客はそれぞれの物語を横断する共通のテーマがあることに気付かされていく。

それは「過去」だ。「捨てても追ってくる過去」に絶望して、自らの過ちを告白し、自殺しようとする者すら出る。だが、全員に破局が迫ったとき、空から思いがけないものが降ってくる。

その映像は衝撃的で、全てを救済するような力がある。緻密な脚本、編集とともに、奔放な想像力を具象化したこの場面が、作品を忘れられないものにしている。ラストの「セイヴ・ミー」をはじめ、全編に流れるエイミー・マンの歌も心にしみる。

これを知るともっと見たくなる
題名の意味は?

題名の「マグノリア」とはモクレン、コブシ、タイサンボクなどモクレン属の植物を指す言葉。米国ミシシッピ州とルイジアナ州では州花になっており、この映画の舞台になったロサンゼルス郊外には「マグノリア・ストリート」という道路があるそうだ。

DVDジャケットの写真には、マグノリアの大きな花びらに、主な登場人物たちの顔があしらわれている。一枚一枚の花びらの中で、それぞれが別の人生を歩んでいるようだが、実は少しずつ接点があり、全員が一輪の花の中にいる。そんな深読みもしたくなってしまう。

▶ベルリン国際映画祭で金熊賞受賞。キネマ旬報ベスト・テン外国映画14位。

1999年　イギリス・イタリア▼監督＝フランコ・ゼフィレッリ　80

『ムッソリーニとお茶を』

誇り高きレディーたち

出演＝シェール、ジュディ・デンチ、ジョーン・プロウライト、マギー・スミスほか。

『ムッソリーニとお茶を』は、ムソリーニ政権下のイタリアで、誇り高い生き方を貫いた英米のレディーたちの物語だ。シェール、ジュディ・デンチ、ジョーン・プロウライト、マギー・スミス……。一人一人の経歴を紹介するだけでスペースが尽きてしまいそうな大女優たちが共演し、おのおのがしっかりした人生哲学を持つ魅力的な大人の女性を演じている。芸術や子どもを愛する繊細な優しさとともに、ファシズムの暴力性や愚かさも描いた、チャーミングで気骨ある作品だ。

1935年、イタリア中部の都市フィレンツェ。服地商パオロの秘書として働く英国人女性メアリー（プロウライト）は、パオロの隠し子である少年ルカ（チャーリー・ルーカス）を引き取る。メアリーは、画家のアラベラ（デンチ）ら英国人の友人たちと協力、ルカを英国式教育で育てようとする。さらに、英国人コミュニティーのリーダー、元大使夫人のヘスター（スミス）や、米国人のスター、エルサ（シェール）らも、ルカに、芸術の素晴らしさなどさまざまなことを教える。

だが、次第に第2次世界大戦の足音が迫り、外国人排斥運動が強まってくる。ヘスターは旧知のムソリーニを訪ね、保護を約束してもらうが……。

監督は、『ロミオとジュリエット』などで知られるイタリアの名匠、フランコ・ゼフィレッリ

※DVDがNBCユニバーサル・エンターテイメントから発売。117分。カラー。DVDは1429円＋税。
※2020年3月の情報です。

（2019年、96歳で死去）。生い立ちや境遇がルカ少年と重なるところもある半自伝的な作品という。

時代の変化に押し流されて、ドイツに留学することになるルカを、大勢の女性たちが駅で送るシーンは感動的だ。ほかにも見どころは多いが、「成り上がりのアメリカ人」とエルサを軽蔑していた、気位の高いヘスターが、あることを知って和解するエピソードが、いい。どんな賢い女性でも、悪い男にだまされることはあるのだ。

イタリアでは99年3月に公開された。その時点での年齢は、シェールが52歳、デンチとスミスが64歳、プロウライトが69歳。この年齢の女優たちが主演して、こんなにすてきな映画ができた。そのことに拍手を送りたい。

※

これを知るともっと見たくなる　輝かしい4人の略歴

シェール＝デュオ「ソニー&シェール」でデビュー以来、歌手として活躍。女優としても**『月の輝く夜に』**で米アカデミー賞主演女優賞受賞。

ジュディ・デンチ＝舞台でキャリアを積み、映画**『007』**シリーズの『M』は有名。**『恋におちたシェイクスピア』**で米アカデミー賞助演女優賞受賞。英王室から「デイム」の称号を受けた。

ジョーン・プロウライト＝舞台、映画で活躍。故ローレンス・オリビエと結婚し、添い遂げた。2人の間に3人の子どもがいる。

マギー・スミス＝**『ミス・ブロディの青春』**で米アカデミー賞主演女優賞、**『カリフォルニア・スイート』**で同助演女優賞を受賞。**『ハリー・ポッター』**シリーズでもおなじみ。英王室から「デイム」の称号を受けた。

▶英国アカデミー賞で助演女優賞受賞（マギー・スミス）。

多様な生き方を認めること

出演＝ジェイミー・ベル、ジュリー・ウォルターズ、ゲイリー・ルイスほか。

炭鉱の町に暮らす11歳の少年が、なぜかバレエに夢中になる。父親は「男は、サッカーとかボクシングとかレスリングをやるものだ」と、バレエの練習を禁じるが……。

スティーブン・ダルドリー監督『リトル・ダンサー』は、ユニークな夢を抱いた少年と、周囲の人々のさまざまな反応を通して、人のつながりの温かさを描いた作品だ。

1984年、英国北東部のダラム炭鉱。赤字炭鉱を閉鎖するサッチャー政権の計画に対し、労働組合はストに突入。警官隊との衝突が続いていた。

ビリー（ジェイミー・ベル）は母親を幼くして亡くし、兄トニーと父（ゲイリー・ルイス）、軽い認知症の祖母の4人暮らし。いずれも炭鉱作業員の父と兄は、ストに参加している。

父の希望でボクシングジムに通っているビリーは、ある日、ジムの一角で開かれていたバレエ教室に興味を抱く。コーチのウィルキンソン夫人（ジュリー・ウォルターズ）は、ビリーに、女の子たちに交じって一緒にやってみるように誘う。

母親に似て音楽好きなビリーは、たちまちバレエのとりこになる。彼の素質を見抜いたコーチは、個人指導し、ロンドンのロイヤルバレエ学校のオーディションを受けるように勧める。だが、父や兄

※ＤＶＤが株式会社ＫＡＤＯＫＡＷＡから発売。111分。カラー。ＤＶＤは1500円＋税

※
は猛反対する。

背景の社会問題や貧困など重いテーマをきちんと扱いながら、とても軽やかでテンポが良い映画だ。T・レックスやザ・ジャムなどの曲でビリーが踊る場面からは、はじける若さとダンスの楽しさが伝わってくる。

ビリーの親友がゲイであることを告白する場面がある。ビリーは、自分は違うと言いながら、彼の生き方を受け入れる。それは、マッチョな父や兄を含む故郷の大人たちが、自分のバレエを認めてくれるのか、という問題につながっている。

多様な生き方を認めることの大切さ。それが、この映画の大きなテーマになっている。

一見、若者向けのようだが、むしろ、中高年層にお薦めしたい。若者の可能性を広げてあげたいという、親やコーチの気持ちが切実に感じられるはずだ。

これを知るともっと見たくなる
ミュージカルも大ヒット

舞台演出家として高い評価を得ていたスティーブン・ダルドリーの、長編映画監督デビュー作。

2005年には、ダルドリー演出で、エルトン・ジョンが音楽監督を担当し、映画をミュージカル化した『ビリー・エリオット〜リトル・ダンサー〜』が、ロンドンで開幕。これも米ブロードウェーをはじめ、日本などでも上演される大ヒットとなった。

映画『リトル・ダンサー』で、米アカデミー賞の監督賞にノミネートされたダルドリーは、次作**『めぐりあう時間たち』**、続く**『愛を読むひと』**でも監督賞にノミネートされた。まさに才人という言葉がふさわしい。

▶キネマ旬報ベスト・テン外国映画３位。

82

2000年　韓国・日本▼監督＝イ・チャンドン

『ペパーミント・キャンディー』

時間をさかのぼり悲劇描く

出演＝ソル・ギョング、ムン・ソリ、キム・ヨジンほか。

人生を振り返ると、あれが転機だったという出会いや出来事が、必ずあるものだ。イ・チャンドン監督『ペパーミント・キャンディー』は、40歳で自ら死を選ぼうとする男のいくつかの転機を、時間を過去にさかのぼって描いていく。

現在と過去を交錯させながらドラマを進めていく手法はよくあるが、このように過去へ一直線にさかのぼっていくのは珍しい。この映画はそうした実験的な方法で、男がどのようにして、家庭や財産、初恋、純粋さを失ってきたかを、リアルに描き出した。そして、その背景には、光州事件や民主化運動など韓国社会を揺るがした大きな出来事があったことを明らかにした。

喪失と悔恨の物語でありながら、歴史に翻弄される人間の普遍的な悲劇にまで高めた優れた作品だと思う。

1999年の春、鉄橋の下の河原でピクニックを楽しんでいるグループの前に、スーツ姿の男が現れる。彼の名前はキム・ヨンホ（ソル・ギョング）。40歳の彼は、この日のメンバーが20年前にここで開いたピクニックに参加していたが、その後軍隊に入り、長い間連絡を絶っていた。

川に飛び込むなど奇妙な行動をしていたヨンホは、やがて鉄橋に上がり線路を歩き始めて、叫ぶ。「戻りたい！　帰りたい！」。背後から列車が走ってくる……。

過去に時間がさかのぼるとき、逆走する列車からの風景がインサートされる。線路脇の樹木の散った花びらが枝に戻り、道路の車は後ろに走って行く。切なく美しい映像だ。

題名のペパーミント・キャンディーは、初恋の人（ムン・ソリ）との思い出につながるお菓子。こうした小道具もとても効果的に使われている。

韓国映画の巨匠と評価されるイ監督は、２０１８年の村上春樹原作『バーニング劇場版』の公開がきっかけで、日本の若い映画ファンにも広く知られるようになった。ぜひ『オアシス』などの旧作も見てほしい。人間に対する深い洞察力と叙情性を感じさせる作品に、魅せられる人も多いはずだ。

これを知るともっと見たくなる　天才的な演技力

映画は主人公が40歳の場面から始まり、20歳の場面で終わる。それを不自然に感じさせなかったのは、主演のソル・ギョングの天才的な演技力のせいでもあるだろう。

１９６７年生まれ。撮影当時は30代前半だった彼は、この大役を見事に務め、大きな評価を受けた。2年後には同じイ・チャンドン監督の『**オアシス**』で、『ペパーミント―』でも共演したムン・ソリと、激しく純粋な愛の物語を演じた。

徹底的な役作りで知られ、数々の演技賞を受賞。そのほかの出演作に『**力道山**』『**１９８７、ある闘いの真実**』などがある。

▶キネマ旬報ベスト・テン１０位。４Kレストア・デジタルリマスター版のブルーレイがツインから発売。129分。カラー。ブルーレイは4700円＋税

2000年　台湾・日本▼監督＝エドワード・ヤン　83

『ヤンヤン　夏の想い出』
さまざまな人生、鮮やかに

出演＝ジョナサン・チャン、ウー・ニエンチェン、イッセー尾形ほか。


少年とその一家の、ひと夏の出来事を描いたエドワード・ヤン監督『ヤンヤン　夏の想い出』の中に、こんなせりふがある。

「映画が発明されて、人生が3倍になった。映画は普通の生活を2倍面白くしてくれる」

この言葉をそのまま、この映画への賛辞としてささげたい。それほど、見る喜びと充実感を与えてくれる作品だ。


台北で暮らす8歳の少年ヤンヤン（ジョナサン・チャン）は、家族と一緒に叔父の結婚式に出席する。騒ぎが起きて体調を崩した祖母を、父親のＮＪ（ウー・ニエンチェン）と姉のティンティン（ケリー・リー）が連れ帰る。

その後、祖母は意識不明で寝たきりになり、時を同じくして、ほかの家族にも、さまざまな〝事件〟が起きる。

「毎日がからっぽで、帰る場所がない」と、夫のＮＪに訴えていたヤンヤンの母は、新興宗教に救いを求めて家を出る。共同経営する会社の危機にひんしているＮＪは、初恋の人に再会し、人生をやり直せるのか、と迷う。高校生のティンティンは、隣家の友人の恋人とデートするが、友人に手ひどいしっぺ返しを食らう。

そして、いつも女の子にいじめられているヤンヤンにも、胸がドキドキするような出来事が起きる。

2時間53分という長めの上映時間、ゆったりと流れる場面もあるが、全く退屈しない。次は何が起きるのだろう、とワクワクしているうちに、あっという間に時間がたっていく。

老いた祖母が直面する死。中年の父母は人生の真っただ中で迷い、思春期の姉は夢と現実の差に傷つく。そして、ヤンヤンは、父からもらったカメラで、人の後頭部ばかりを撮っている。誰もが「後ろ姿は自分では見られない」からだ。

ヤンヤン一家の、結婚式から始まったその夏は、お葬式で終わる。取り返しのつかない出来事もあれば、いつか笑って話せる思い出もあるだろう。はっきりしているのは、ヤンヤンの8歳のあの夏は二度と戻ってくることはない、ということだ。

これを知るともっと見たくなる 日本も舞台になった遺作

この作品の製作総指揮は、岩井俊二監督『**スワロウテイル**』や、中田秀夫監督『**リング**』などを手掛けた河井真也プロデューサー。イッセー尾形が、日本人のゲームソフト開発者という重要な役で出演、東京や熱海でもロケが行われるなど、日本と関係が深い作品になっている。

エドワード・ヤンは1947年生まれの台湾の監督。幼いころから手塚治虫の作品の影響を受けたといい、『ヤンヤン―』の中にも鉄腕アトムの人形などが出てくる。

2007年、がんのため59歳で死去。これが遺作となった。

▶カンヌ国際映画祭で監督賞受賞。現在DVDの発売はなし。173分。カラー。

84

2002年　香港▼監督＝アンドリュー・ラウ、アラン・マック

『インファナル・アフェア』

緊迫感あふれる男のドラマ

出演＝トニー・レオン、アンディ・ラウ、アンソニー・ウォンほか。

香港マフィアに長期潜入した警察官と、その逆に、警察に潜り込んだマフィアの組員。共に優秀であるがゆえに、スパイになることを命じられた2人の男の運命が、交錯する時が来る。

アンドリュー・ラウとアラン・マックの共同監督『インファナル・アフェア』は、紛れもなく香港娯楽映画の大傑作だ。精緻な脚本。圧倒的な緊迫感。さらに、トニー・レオン、アンディ・ラウという、香港映画を代表する二枚目スターの魅力を存分に引き出している。

１９９１年、マフィアの若手組員ラウ（アンディ・ラウ）は、ボスのサム（エリック・ツァン）から、何人かの組員たちとともに、警察学校に送り込まれる。

一方、ラウの警察学校の同期生で最も優秀だったヤン（トニー・レオン）は、退学になる。ヤンの能力を見込んだウォン警視（アンソニー・ウォン）が、マフィアへの潜入捜査を命じたのだ。

10年後、2人はそれぞれの組織で〝実力〟を発揮し、中枢部に近い所にいる。そんな時、サムが大きな麻薬取引を始め、ヤンの情報で警察が動く。しかし、ラウの警告でサムは逮捕を逃れる。

この出来事で、警察にもマフィアにも内通者の存在がわかり、組織内で割り出しが始まる……。

ストーリーを追うだけでも十分面白いが、この映画の魅力は、いくつもの伏線が敷かれ、それらが

※ＤＶＤ、ブルーレイがポニーキャニオンから販売（発売元：カルチュア・パブリッシャーズ）。102分。カラー。【おトク値！】ＤＶＤは1800円＋税、ブルーレイは2500円＋税。

※

後半で効果的に生きてくることだ。２人が出会うオーディオ店。秘密の連絡に使うモールス信号、何げなく封筒に書いた文字が２人の関係を動かすことなど、語りたいエピソードがいくつもある。

原題は「無間道」。英語の題名は「地獄のような出来事」を意味する。絶え間なく続く地獄のような苦しみを味わいながら、「善人でいられるのか」と自問する２人の男を、トニー・レオンとアンディ・ラウが、見事に演じている。甘く愁いを帯びたレオン、怜悧で非情なラウの対比がいい。

続編、完結編もある。できれば、３作を続けて見て、もう一度、第1作を見ることをお勧めしたい。いかに練り上げられた脚本か、ということが実感できるはずだ。

これを知るともっと見たくなる

リメークがアカデミー賞

『タクシードライバー』などで知られるマーティン・スコセッシ監督が『インファナル・アフェア』のオリジナル脚本を基にリメークしたのが『ディパーテッド』。２００６年に米国で公開（日本は07年）され、07年２月の第79回アカデミー賞で作品賞、監督賞などを受賞した。

トニー・レオンが演じた潜入警察官をレオナルド・ディカプリオ、アンディ・ラウが演じた犯罪組織のスパイをマット・デイモンが演じている。

見比べてみるのも一興だ。

▶キネマ旬報ベスト・テン外国映画９位。

『めぐりあう時間たち』

3大女優の名演技も見もの

出演＝ニコール・キッドマン、ジュリアン・ムーア、メリル・ストリープほか。

スティーブン・ダルドリー監督『めぐりあう時間たち』は、三つの異なる時代と都市に生きる3人の女性たちの、ある一日の出来事を通して、人生の意味を問う作品だ。

ニコール・キッドマン、ジュリアン・ムーア、メリル・ストリープ。ハリウッドを代表する女優たちが、いずれ劣らぬ名演技を見せる。2時間以内に収まったのが不思議なほど、中身が濃い。

1923年、英国リッチモンド。作家ヴァージニア・ウルフ（キッドマン）は、新しい小説「ダロウェイ夫人」の構想を練っている。神経症に悩む彼女は数年前、ロンドンの中心からここに夫と共に移ってきたが、刺激のない生活になじめない。

51年、米国ロサンゼルス。ローラ・ブラウン（ムーア）は、高級住宅街にある家で「ダロウェイ夫人」を読んでいる。夫は優しく、第2子を妊娠中。幸福に見える彼女だが、実は今の暮らしから逃げ出したいと願っている。幼い息子のリチャードは、そうした母の気持ちを感じ、不安そうだ。

2001年、米国ニューヨーク。小説の主人公ダロウェイ夫人と同じ名前のクラリッサ（ストリープ）は、詩の賞を受賞した元恋人リチャード（エド・ハリス）のために、パーティーの準備中だ。だがエイズが進行している彼は、生きることをやめたがっている。彼はローラの息子で、幼いころ母親に捨てられた……。

三つの物語をつなぐのは小説『ダロウェイ夫人』と、漂う死の薫りだ。小説の中で登場人物が自殺するだけではなく、作家自身も出版から16年後に入水自殺した。劇中のローラもクラリッサも死と直面することになる。

だが、これは暗い絶望的な作品ではない。映画の中でヴァージニアが語るように、死は「命の価値を際立たせる」ものとして描かれているからだ。死を見つめて生きることは、決して後ろ向きな生き方ではないのだ。

原作はマイケル・カニンガムのピュリツァー賞受賞小説。小説と同じ映画の原題「The Hours」を、「めぐりあう時間たち」としたセンスは見事だ。付け鼻の特殊メークでヴァージニアを演じたキッドマンが、米アカデミー賞主演女優賞に輝いた。

これを知るともっと見たくなる　監督賞に連続ノミネート

『ダロウェイ夫人』はヴァージニア・ウルフの長編第4作。1925年に出版された。「ダロウェイ夫人は言った。『花は私が買ってくるわ』」。書き出しのこの文章をはじめ、小説の中のさまざまな要素が三つの時間の中にちりばめられている。

英国出身のダルドリー監督は、映画デビュー作『リトル・ダンサー』から3作続けて、米アカデミー賞監督賞にノミネートされた実力派。3人の女性を交互に追いながら、観客を混乱させない演出が巧みだ。原作を読んでいなくても十分楽しめる。

▶米アカデミー賞主演女優賞（キッドマン）、ベルリン国際映画祭ではキッドマン、ムーア、ストリープの３人が銀熊賞（最優秀女優賞）を受賞。キネマ旬報ベスト・テン（2003年）外国映画３位。ＤＶＤは現在発売なし。115分。カラー

2003年　韓国▼監督＝ポン・ジュノ

86

『殺人の追憶』
重厚で人間味あふれる傑作

出演＝ソン・ガンホ、キム・サンギョン、パク・ヘイルほか。

韓国映画は面白い。それを日本の映画ファンに強く印象づけたのは、2000年公開の『シュリ』と翌年公開の『JSA』だった。大ヒットした2作は、いずれも南北の対立を背景にしたサスペンスだったが、それ以降、優れた作品を見るチャンスが格段に増えた。

ポン・ジュノ監督『殺人の追憶』は、そんな韓国映画の中で個人的にはナンバーワンに挙げたいほど、大好きな作品だ。

1986年秋、ソウル近郊の農村地帯。殺害された女性の遺体が、用水路で発見される。地元の警察署のパク刑事（ソン・ガンホ）は、同僚と共に捜査に当たるが、また同じ手口の事件が起きる。

パク刑事は、知的障害のある青年に目星をつけ、彼を逮捕し、強引な取り調べで自供を迫る。だが、捜査に加わったソウル市警のソ刑事（キム・サンギョン）は、青年を無実と断定。さらに、2件とも、雨の夜に赤い衣服を着けた女性が殺されていることから、以前は行方不明として処理されていた事案も、一連の犯行と突き止める。しかし、必死に犯人を追う刑事たちをあざ笑うように、犯行は続く……。

全編を通して全く無駄がなく、緊張感に満ちた作品だ。謎解き的な面白さもあり、ぐいぐい引き込まれていくが、最も魅力的なのは、人間味あふれる刑事たちの姿だ。ソン・ガンホがうまい。『シュ

※ブルーレイ、DVDが株式会社KADOKAWAから発売中。131分。カラー。ブルーレイは2500円＋税、DVDは1500円＋税

※

リ』『JSA』でも重要な役を演じた韓国の名優は、この作品では「足で捜査する」が信条の、たたき上げの刑事を泥くさく演じている。直感を信じ、拷問で自供を強要する。冤罪（えんざい）を招くと批判されても仕方ない暴力刑事なのだが、殺人犯を捕らえたいという一心で悪戦苦闘する姿が、ときにはユーモラスで共感も呼ぶ。知的で理論派のソ刑事との、対照の妙や、2人の関係が、終盤で逆転するのも見どころだ。

86年から91年にかけて韓国で実際に起きた、女性10人が殺害された事件（2019年に容疑者が特定）が基になっている。脚本、演出、映像、俳優の演技。どれを取っても第一級の傑作である。

ポン・ジュノ監督の2019年の作品『パラサイト　半地下の家族』は、カンヌ国際映画祭の最高賞（パルムドール）を受賞。さらに米アカデミー賞で作品賞、監督賞など最多4部門を受賞した。世界が韓国映画のレベルの高さを認めたのだ。

これを知るともっと見たくなる

日本映画の影響も

ポン・ジュノ監督は、映画評論家の寺脇研氏との対談（寺脇研著『韓国映画ベスト100』朝日新書）で、『殺人の追憶』のシナリオ執筆中に今村昌平監督の**『復讐するは我にあり』**（1979年）を何度も見て「連続殺人犯を研究した」ことを明かしている。

確かに、この2作品には、実際に起きた連続殺人事件を基にしているだけでなく、俳優たちの名演技や、緊迫感に満ちたリアリティーなど、テイストにも共通点がある。

韓国で禁止されていた日本映画が、1998年以降、段階的に解禁されたという状況が背景にある。

▶キネマ旬報ベスト・テン外国映画2位。

2004年　アメリカ▼監督＝クリント・イーストウッド　87

『ミリオンダラー・ベイビー』

心に重いパンチを食らう

出演＝クリント・イーストウッド、ヒラリー・スワンク、モーガン・フリーマンほか。

クリント・イーストウッドは、90歳に近くなった今も現役で活動を続け、世界の映画界で尊敬される存在だ。『ダーティハリー』の一匹おおかみ的なかっこよさに憧れた者としては、そのことがうれしい一方で、雲の上の存在にはなってほしくないという思いもある。だが、そんなひねくれたファンでも、監督・主演作『ミリオンダラー・ベイビー』のすごさには素直に脱帽した。上質のスポーツ映画であると同時に、人間の尊厳に関わる重い問いを突き付けてくる作品だ。

フランキー（イーストウッド）は米ロサンゼルスにあるボクシングジムの老経営者。ある日、彼の元に、マギー（ヒラリー・スワンク）という女性がやってくる。ミズーリ州の貧しい地域の出身で、13歳からウエートレスをしている彼女は、名トレーナーだったフランキーに師事し、強くなりたいと願っている。

フランキーは、31歳のマギーに「プロを育てるのは4年必要だ」と言い、弟子入りを断る。だが、あきらめずに練習を続ける彼女に、ジムの住み込みの雑用係でスクラップと呼ばれている元ボクサー（モーガン・フリーマン）が救いの手を差し伸べる。そして、マギーの素質を発見したフランキーも翻意して……。

※ブルーレイ、DVDがアイ・ヴィー・シーから発売。133分。カラー。ブルーレイは5800円＋税、DVDは3800円＋税

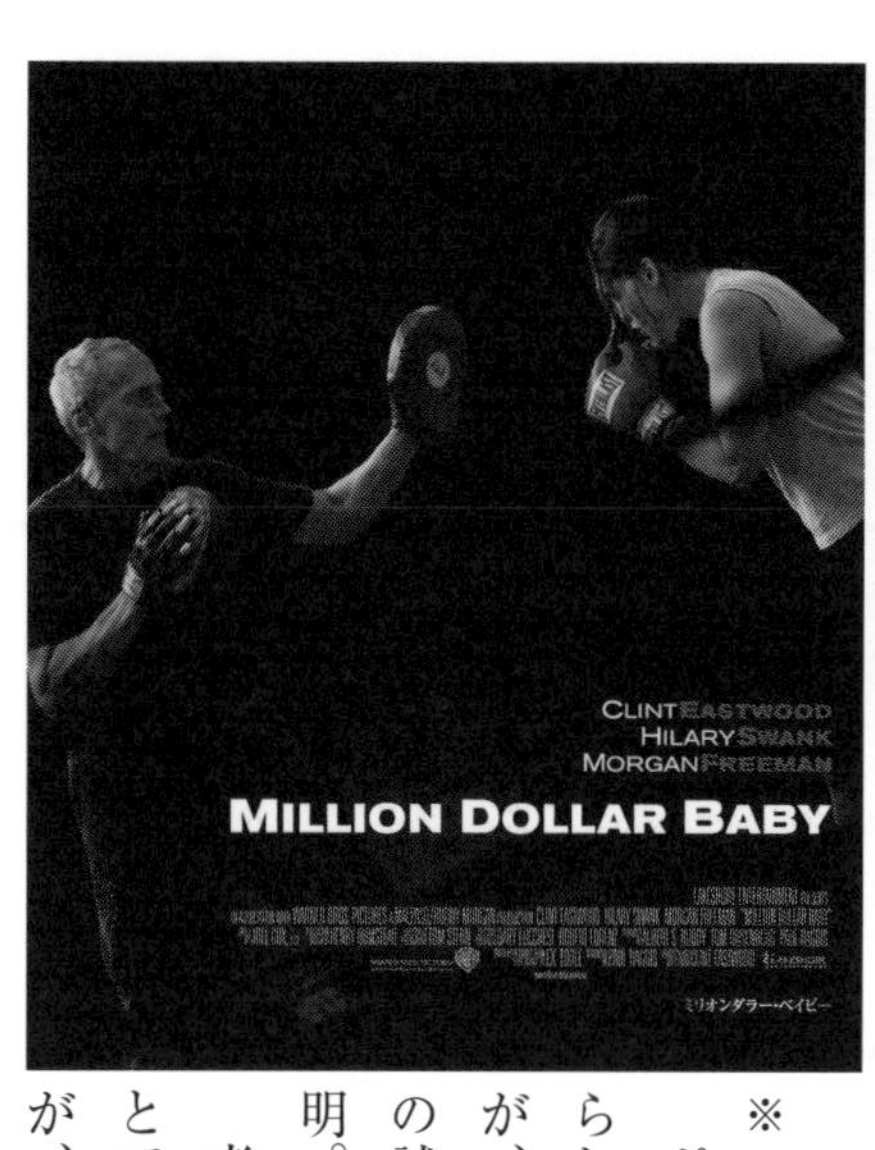

※

ポール・ハギスの脚本が抜群だ。フランキーは1人暮らしで、別居している娘に謝罪の手紙を出し続けているが、受け取り拒否で返送されてくる。スクラップは最後の試合でフランキーの制止を聞かず闘い続け、片目を失明。それが2人の関係に影を落としている。

老いた孤独な男たちの過去がさらりと描かれていることで、マギーの夢に自らの夢を重ねていく彼らの気持ちが、よく伝わってくる。マギーが、早死にした父親がかわいがっていた犬の思い出を語る何げない場面も、重要な伏線になっている。

途中までは、感動的なスポーツ映画ふうに進行する物語は、突然暗転する。内容はあえて書かないが、心にずしりと重いパンチを食らったような気持ちになる。だが、それは決して不快な感覚ではない。生きる意味について立ち止まって考える。そんな気持ちになる映画だ。

これを知るともっと見たくなる

フリーマンの声の魅力

〝スクラップ〟役のモーガン・フリーマンのナレーションに味がある。登場人物の性格や背景、ストーリーを解説するだけでなく、「ボクシングは尊厳のスポーツ。人の尊厳を奪い、それを自分のものとする」など、哲学的な言葉も随所で語る。そして、映画のラストで、彼が本当は誰に向けてこの説明をしていたかが明らかになる。

フリーマンの声や話し方には、この人の言葉に耳を傾けてみようという気持ちにさせる魅力がある。**『ショーシャンクの空に』**や**『最高の人生の見つけ方』**でもナレーションを担当するなど、声と演技の両面で名優ぶりを発揮している。

▶米アカデミー賞で作品賞、監督賞、主演女優賞、助演男優賞を受賞。キネマ旬報ベスト・テン外国映画1位。

2006年　ドイツ▼監督＝フロリアン・ヘンケル・フォン・ドナースマルク　(88)

『善き人のためのソナタ』

ひとごとではない怖さ

出演＝ウルリッヒ・ミューエ、マルティナ・ゲデック、セバスチャン・コッホほか。

旧東ドイツは恐るべき監視・密告社会だった。

「東ドイツはシュタージ（国家保安省）の監視下にあった。10万人の協力者と20万人の密告者が、すべてを知ろうとする独裁政権を支えた」

フロリアン・ヘンケル・フォン・ドナースマルク監督『善き人のためのソナタ』は、こんな字幕から始まる。１９８４年、東ベルリン。シュタージの幹部職員ヴィースラー大尉（ウルリッヒ・ミューエ）は、劇作家ドライマン（セバスチャン・コッホ）の反体制的活動の証拠を得るように命じられる。部屋に盗聴器を仕掛け、徹底した監視を始めた彼は、ドライマンの恋人で女優のジーラント（マルティナ・ゲデック）に横恋慕しているヘムプフ大臣（トマス・ティーメ）が、彼女に関係を強要しているのを知る。

１人暮らしで、いちずに国家を信じ「社会主義の敵」を摘発する任務を果たしてきたヴィースラーの心に、疑問が湧く。ジーラントの美しさに魅せられた彼は、ドライマンの言葉にも共感するようになる。そして……。

外から見れば異様な体制が、ヴィースラーのような〝誠実な〟人間たちに支えられていた実態が、リアルに描かれている。彼らは、自分の欲望のためではなく、国や組織や上司を守るために、他人を監視していたのだ。そして、シュタージに協力しなければ仕事や家族の未来を奪うとちらつかせ、密告者を増やしていったのだ。

とても示唆的な場面がある。弾圧され、仕事を奪われた演出家が自殺した後、ドライマンは、こんな文章を書き記す。

「統計局が数えないものが一つある。自殺者の数だ。役人にとって苦痛なのだろう。東ドイツの国境でどれほど多くが絶望して命を絶ったか。（略）1977年に、わが国は自殺者の数を数えるのをやめた。彼らは『自己殺害者』と呼ばれる」

ひとごとではない。統計の不正は、こんなふうに始まるのだろう。だが、こうした不正がまかり通る体制は、決して長くは続かない。ヴィースラーが起こす小さな反乱が、それを予言している。

ベルリンの壁が崩壊したのは、1989年の11月だった

これを知るともっと見たくなる 『スパイ・ゾルゲ』に出演

孤独な監視者を演じたウルリッヒ・ミューエは1953年生まれ。東ドイツを代表する舞台俳優で、ベルリンの壁崩壊前の反政府デモで先頭に立ったことでも知られる。兵役で壁の国境警備に就き、本人の主張では元妻に監視されシュタージに密告された経験がある（元妻は否定）。まさに、映画と重なるようなエピソードの持ち主だ。

再統一後のドイツではミヒャエル・ハネケ監督『**カフカの**『**城**』』で主演するなど映画で活躍。篠田正浩監督『**スパイ・ゾルゲ**』にも出演した。

『善き人のためのソナタ』が米アカデミー賞外国語映画賞受賞後の2007年7月、胃がんのため54歳で死去した。

▶米アカデミー賞外国語映画賞などを受賞。キネマ旬報ベスト・テン外国映画２位。現在ＤＶＤの発売はなし。137分。カラー。

2006年　アメリカ▼監督＝クリント・イーストウッド

89

『父親たちの星条旗』『硫黄島からの手紙』

威勢よく、戦争を語るな

出演＝ライアン・フィリップ、アダム・ビーチほか（『父親―』）、渡辺謙、二宮和也ほか（『硫黄島―』）

太平洋戦争末期、小笠原諸島の硫黄島で、日本兵約2万1900人、米兵約6800人が戦死した凄惨な戦いがあった。

クリント・イーストウッド監督『父親たちの星条旗』と『硫黄島からの手紙』は、太平洋戦争最大の激戦の一つであるこの戦いを、米国と日本、それぞれの側から描いた作品だ。

いずれも、単独でも見応えがある映画だが、できれば『父親―』『硫黄島―』の順序で、併せて見ることをお勧めしたい。なぜ、こうした形式の映画にしたかという作り手の意図が、よりはっきり伝わってくるはずだ。

米軍編の『父親―』は、軍事上の重要拠点だった摺鉢山の頂上に、星条旗を立てる米軍兵士たちを写した1枚の有名な写真を巡って進む。

米政府は、愛国心をかきたてるこの写真を、戦時国債の宣伝に利用しようとする。そして、写真の兵士3人を「英雄」として帰還させる。だが実は、これは、最初に星条旗を立てた瞬間を撮影したものではなかった……。

戦場と銃後の本国を舞台にした『父親―』では、米軍の最前線の兵士や家族の苦悩と、彼らを利用

※ブルーレイ、ＤＶＤがワーナー・ブラザース　ホームエンターテイメントから発売、132分と141分。カラー。いずれもブルーレイは2381円＋税、ＤＶＤは1429円＋税。

※し使い捨てる支配層の冷酷さを描く。

その姿勢は、玉砕した日本軍を見つめた『硫黄島―』にも共通する。

守備隊の総指揮官、栗林忠道中将（渡辺謙）や兵士らは、大本営に見捨てられた絶望的な状況の下で、届く当てのない手紙を家族に向けて書く。準主役で好演した二宮和也が演じる1等兵が、やや現代的過ぎるきらいはあるが、全体的には日本映画と言ってもいいほど、違和感がない。

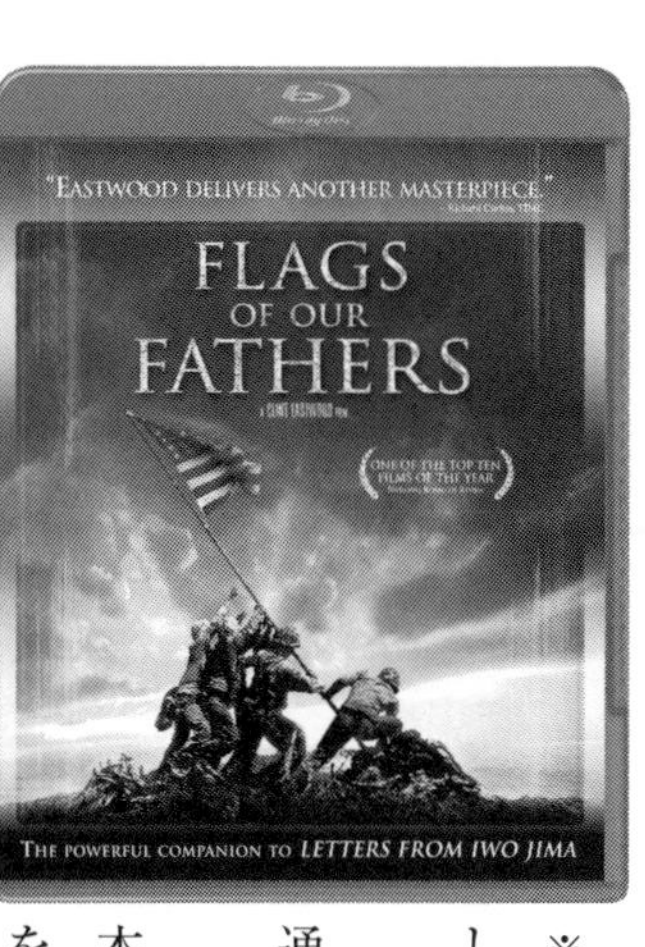

2作を見終わって、『父親―』の冒頭のナレーションの重い意味に改めて気付く。「戦争をわかった気でいるやつはバカだ。特に戦場を知らぬ者に多い。皆、単純に考えたがる。〝善対悪〟〝ヒーロー対悪者〟。だが実際はわれわれの思うようなものではない」

それほど実際の戦場は地獄なのだ。それを知ろうとする努力もせずに、威勢のいい言葉で戦争を語るな。この2本はそのことを教えてくれる。

これを知るともっと見たくなる
今も残る兵士の遺骨

2本とも原作があり、映画はフィクションを交えながら、史実を忠実に描く姿勢を貫いている。『硫黄島―』の中で伊原剛志が演じた西竹一中佐も実在の人物。１９３２年のロサンゼルス五輪で馬術競技の金メダルを獲得した西は、この戦いで42歳で戦死した。

戦後の硫黄島には米軍の基地が築かれ、返還後は自衛隊の基地が置かれている。火山活動などを理由に、戦争中に強制疎開させられた元島民の帰還は許されず、遺骨収集事業も進んでいない。現在も日本兵の死者のうち約1万１５００人の遺骨が島に残されたままだ。

▶『硫黄島―』が米アカデミー賞音響編集賞を受賞。キネマ旬報ベスト・テン外国映画１位（『父親―』）、同２位（『硫黄島―』）。

2007年　アメリカ▼監督＝ポール・ハギス　90

『告発のとき』
父親は何を見てしまったか

出演＝トミー・リー・ジョーンズ、シャーリーズ・セロン、スーザン・サランドンほか。

２００３年３月、米国の主導で始まったイラク戦争は、開戦の大義とされた大量破壊兵器は見つからないまま、11年末に米軍は撤退した。この間、約４５００人の米兵が死亡。民間団体によると、イラクの民間人死者は16万人以上といわれる。

ポール・ハギス監督『告発のとき』は、この戦争の最前線に送られた兵士らが心を病み、人間性を失っていく怖さを、家族の目を通して、サスペンス風に描いた作品だ。

04年11月、米国南部テネシー州に住む退役軍人のハンク（トミー・リー・ジョーンズ）に、陸軍の兵士である息子のマイク（ジョナサン・タッカー）が行方不明になっていると、連絡が入る。マイクは４日前、部隊と共にイラクからニューメキシコ州の基地に帰還したが、土曜の外出後、基地に戻らないという。

ハンクは、妻のジョアン（スーザン・サランドン）を自宅に残し、車で基地に向かうが、間もなく、基地の近くで惨殺されたマイクの死体が見つかる。軍警察の捜査員だったハンクは、自ら息子の殺害犯を見つけようと、聞き込みを開始。地元警察の女性刑事エミリー（シャーリーズ・セロン）の助けを得て、真相に迫っていく……。

ハギス監督は、米アカデミー賞作品賞の『ミリオンダラー・ベイビー』の脚本家として知られ、初監督した『クラッシュ』でも同賞を受賞した才人。原案、脚本、監督、製作の4役を務めた『告発のとき』でも、緻密な構成が際立っている。

マイクの携帯に残された画像には何が映っていたのか？　彼は戦場で、なぜ「ドク」（医者）というあだ名だったのか？　何げないせりふや映像が重要な伏線となり、無駄なところは一つもない。殺人事件の謎解きと並行して、イラクの戦場で何が起きたのかという謎解きも進み、観客をぐいぐいと引っ張っていく。

ジョーンズが、はまり役だ。祖国を愛し、軍人として敵と戦ったことを誇りに思い、息子が自分と同じ道を歩んだことに満足していた男が、老境に至って、息子を奪われ、全ての価値観が揺らぐ。その父親の哀切さを見事に表現している。

これを知るともっと見たくなる　逆さまの国旗

行方不明の息子を捜そうと、家を出たハンクは、町の国旗掲揚台に星条旗が上下逆さまに揚げられているのを見つける。

車を降りたハンクは、エルサルバドル出身という係員に「逆さまの国旗は国際的な救難信号だ。困ってる、助けに来てくれ、もうどうにもならない、という意味だ」と親切に教え、2人で国旗を正しく掲げ直す。

米国には、生命や財産の極度の危険を伝える目的以外には国旗を逆さまに揚げてはならないという法令があり、ハンクはこのことを言っているのだ。

この逆さまの国旗も実は伏線の一つで、終盤で大きな意味を持つ。

▶現在ＤＶＤの発売はなし。121分。カラー。

2008年　アメリカ▼監督＝クリント・イーストウッド　⑨1

『グラン・トリノ』

老いてなお、誇り高く

出演＝クリント・イーストウッド、ビー・バン、アーニー・ハーほか。

1971年に第1作が公開された『ダーティハリー』シリーズから、『許されざる者』（92年）、『ミリオンダラー・ベイビー』（2004年）、『運び屋』（18年）まで、クリント・イーストウッドは、独力で闘う男を一貫して演じてきた。

この『グラン・トリノ』（08年）の主人公も、もちろんその1人だ。

愛妻を亡くしたウォルト・コワルスキー（イーストウッド）は、米国ミシガン州デトロイト近郊の一軒家で1人で暮らしている。付近はかつて白人の居住地域だったが、自動車産業の衰退に伴ってアジア系の街に変わり、彼以外の白人はほとんど住んでいない。朝鮮戦争に従軍し、フォードの自動車整備工として50年間勤めた彼は、そうした時代や社会の変化にいら立ち、息子や孫からは頑固者と煙たがられている。

隣の住人は、中国やベトナム、ミャンマーなどの山岳地帯に住むモン族の一家。その息子のタオ（ビー・バン）は不良グループにそそのかされ、ウォルトの愛車、フォードの「グラン・トリノ」を盗みに入り、ウォルトに見つかり逃げ帰る。

その後、隣の家族と交流するようになったウォルトは、聡明なタオの姉スー（アーニー・ハー）と

※ブルーレイ、DVDがワーナー・ブラザース　ホームエンターテイメントから発売。117分。カラー。ブルーレイは2381円＋税、DVDは1429円＋税。

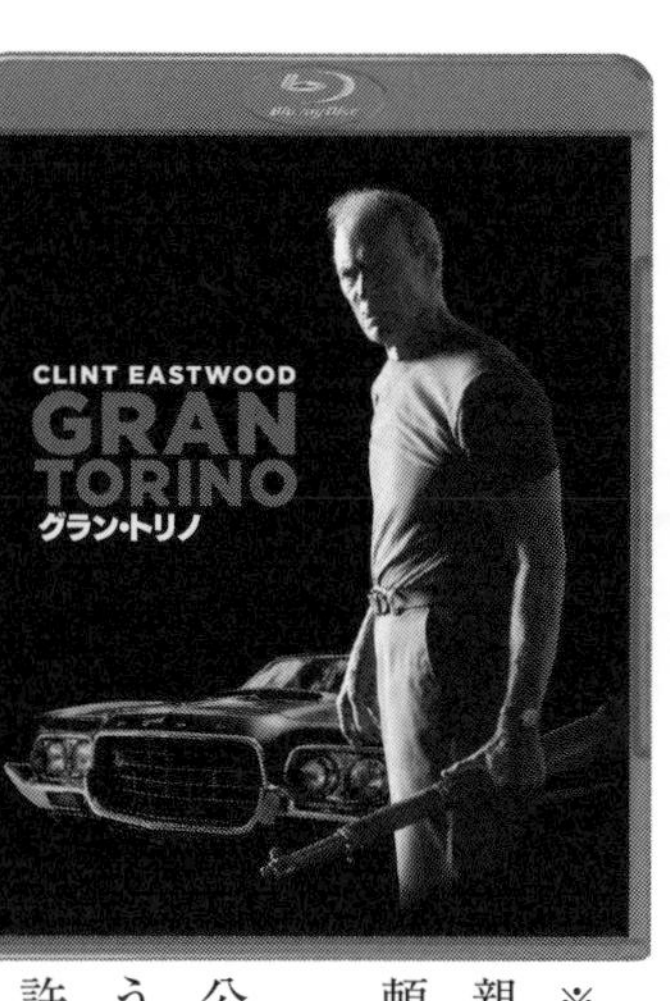

※

親しくなり、スーや母親からタオを一人前の男にするように頼まれる。だが、不良グループはタオにしつこくからむ……。

妻の死から映画が始まり、過去の行為の罪悪感に悩む主人公が、自らの死を予感しながら、若者に大切なことを伝えようとする。これは『許されざる者』とよく似ている。そして、許すことができない悪に対して、雄々しく立ち向かうのは『ダーティハリー』以来のスタイルだ。だが、実は『グラン・トリノ』の闘い方はこれまでと全く違っている。ぜひ、自分の目で確かめてほしい。

ベトナム戦争中に米国に協力したため、戦後は弾圧され米国に逃れてきたというモン族の歴史に劇中で触れ、朝鮮戦争と併せて、戦争が深い傷を残すことをきちんと描いているのが見事だ。

公開当時、イーストウッドは78歳。老いてなお、他者のために、誇り高く闘うヒーローを演じている。

これを知るともっと見たくなる 息子と共演

イーストウッドの息子スコット・イーストウッド（本名はスコット・リーブス）が、隣家の娘スーと交際している少年トレイ役で出演している。

デート中の2人は、黒人の不良3人組に絡まれているところを、イーストウッドが演じるウォルトに助けられる。スーを自分の車に乗せたウォルトは、トレイを「腰抜け、家へ帰れ」と叱責する。現実には実の親子と思うと、少しおかしい。

この映画では、やはりイーストウッドの息子で、スコットの異母兄のカイル・イーストウッドが音楽を担当。エンディングに流れる主題歌の前半はクリント・イーストウッド自身が歌っている。

▶キネマ旬報ベスト・テン外国映画1位。

2009年 オーストリア・ドイツ・フランス・イタリア▼監督＝ミヒャエル・ハネケ ㉜

『白いリボン』
戦争前夜、悪意が姿を現す

出演＝クリスチャン・フリーデル、ウルリッヒ・トゥクル、ブルクハルト・クラウスナーほか。

この世で一番怖いのは人間だ。人間の悪意だ。ミヒャエル・ハネケ監督『白いリボン』は、その当たり前のことを、改めて思い出させてくれる。

1913年、男爵（ウルリッヒ・トゥクル）と牧師（ブルクハルト・クラウスナー）が支配するドイツの小さな村で、奇妙な事件が続けて起きる。

最初は、木の間に張られた針金による、ドクター（ライナー・ボック）の落馬事故。その翌日、小作人の妻が製材所で転落死する。事故の原因に怒った小作人の息子は数カ月後、男爵のキャベツ畑を荒らし、それに呼応するように、男爵の息子ジギが暴行される……。

物語は、当時この村の学校に勤めていた教師（クリスチャン・フリーデル）の回想形式で進み、教師と男爵家の若い召使の恋愛など、明るいエピソードも含まれている。

ものすごく残虐な場面があるわけでもない。だが、にもかかわらず、不穏な感じが息苦しいほどに伝わってくる。

落馬事故もジギの暴行事件も犯人はわからない。その一方で、隠されていた人間の悪意が次第に表面に現れてくる。例えば、退院したドクターが、性的関係がある隣家の女性に対して吐くひどい言葉や、牧師に強圧的に押さえつけられた娘や息子たちが示す憎悪だ。

その結果、男爵夫人が言うように「悪意や嫉妬、無関心、暴力」が、村を支配してしまうのだ。「白いリボン」とは、「純潔であることを忘れないように」と、牧師が娘や息子の髪や腕に巻かせたリボンのこと。だが、その牧師自身がどれほど偽善的なのか、ハネケ監督は容赦なくえぐりだす。そして、そうした大人たちの行いが、子どもたちの心に悪の種を植え、怪物のような巨悪を育ててしまうことも。

映画は、奇妙な事件が続いた後、第1次世界大戦が始まったことを告げて終わる。ドイツでナチス政権が誕生したのは33年。『白いリボン』の子どもたちが、20代後半から30代になったころだ。ファシズムを生み出し、支えたものは何か。映画を見た後、今の日本の権力者たちの言動や振る舞いを、未来に対する悪業だと危ぶむのは、考え過ぎだろうか。

これを知るともっと見たくなる
パルムドールを2度受賞

是枝裕和監督『**万引き家族**』の受賞で、話題になったカンヌ国際映画祭の最高賞、パルムドール。ミヒャエル・ハネケ監督は、この賞を、『白いリボン』（2009年）と、次作『**愛、アムール**』（12年）で2度、受賞している。

ハネケは1942年、ドイツ・ミュンヘン生まれのオーストリアの監督。人間の罪悪や秘めた欲望などを冷酷なまでにえぐり出し、余計な説明をせずに観客に解釈をゆだねる作風が特徴だ。

カンヌ国際映画祭では、このほか『**ピアニスト**』（01年）で審査員特別大賞、『**隠された記憶**』（05年）で監督賞を受賞している。

▶カンヌ国際映画祭最高賞（パルムドール）、ゴールデングローブ賞外国語映画賞などを受賞。キネマ旬報ベスト・テン外国映画４位。現在はＤＶＤの発売はなし。144分。モノクロ。

2010年　アメリカ▼監督＝デビッド・フィンチャー　93

『ソーシャル・ネットワーク』
現代の神話の内幕を描く

出演＝ジェシー・アイゼンバーグ、アンドリュー・ガーフィールド、ジャスティン・ティンバーレイクほか。

世界最大の会員制交流サイト（SNS）を運営する巨大IT企業「フェイスブック」（FB）は、いかに誕生したのか？

デビッド・フィンチャー監督『ソーシャル・ネットワーク』は、FBの最高経営責任者（CEO）マーク・ザッカーバーグが、大学在学中にサイトを創設し、瞬く間に億万長者になっていく過程を描いた伝記映画だ。

2003年、ハーバード大生のマーク（ジェシー・アイゼンバーグ）は、ボストン大に通う恋人エリカ（ルーニー・マーラ）とデート中、口論になり振られてしまう。

エリート意識をひけらかし、プライドが高くて嫉妬深い彼に、エリカは言う。「オタクだからモテないと思ってるでしょ。それは大間違い。性格がサイテーだからよ」

寮に戻った彼はブログで彼女をなじり、腹立ちまぎれに、大学のコンピューターネットワークに不正アクセスし、女子大生の顔写真を並べて格付けさせるサイトを開く。

このことで彼は学内で有名になり、上級生から、ハーバード大生だけを対象にした交流サイトの創設を依頼される。その後、マークは友人のエドゥアルド（アンドリュー・ガーフィールド）と2人で

※ブルーレイ、DVDがソニー・ピクチャーズ　エンタテインメントから発売。120分。カラー。
ブルーレイは2381円＋税、DVDは1410円＋税

※

新しいサイトを創設。爆発的に成功するが、結局、経営方針を巡って離反する。

「(この映画は)一握りの人間がどれだけ金持ちになるかの話だ」。DVDの特典映像でフィンチャー監督自身が語るように、元々、幅広い共感が得られる種類の作品ではない。主人公も「ハンサムでスポーツ万能で性格もいい」というヒーローとは対極的な存在だ。

にもかかわらず、この映画は魅力的だ。自らのアイデアと才能でチャンスをつかんだマークは、上昇する過程で不要になった人物を次々に切り捨てていく。IT業界の内幕のリアルな描写からは、新しい時代の風と同時に、砂上の楼閣のような危うさも伝わってくる。

アイゼンバーグをはじめ、若手俳優たちの演技が素晴らしい。主人公のようになりたいとは思わないが(なれないに決まっているが)、青春映画としても傑作だと思う。

これを知るともっと見たくなる 手の込んだ映像

ハーバード大の上級生でマークに接近するのが、双子のウィンクルボス兄弟。身長195センチでボート部に所属するエリートだ。映画の中で描かれた訴訟で巨額の賠償金を得て、現在は投資家として有名だ。2008年の北京五輪のボート競技にも出場した。

映画では、兄弟をアーミー・ハマーとジョシュ・ペンスの2人が演じた後、ジョシュの顔にアーミーの画像を貼り付けるという手の込んだ映像になっている。

『**君の名前で僕を呼んで**』(17年)などで知られるアーミーは、曽祖父に石油王アーマンド・ハマーを持ち、この役のイメージにぴったりだったのだろう。

▶米アカデミー賞で編集賞など3部門で受賞。キネマ旬報ベスト・テン外国映画2位。

2011年　フィンランド・フランス・ドイツ▼監督＝アキ・カウリスマキ　94

『ル・アーヴルの靴みがき』

難民めぐる希望の物語

出演＝アンドレ・ウィルム、カティ・オウティネン、ジャンピエール・ダルッサンほか。

以前も紹介したことがあるが「映画には『今』が映っているから素晴らしい」と、映画評論家の故淀川長治さんから、聞いたことがある。フィンランドのアキ・カウリスマキ監督『ル・アーヴルの靴みがき』は、その言葉にふさわしい作品だ。

今、世界が直面している難民問題を物語の核に据えながら、堅苦しい話にはしないで、市井の人々の善意を描く温かい映画に仕上げている。

大西洋に面したフランスの港町、ル・アーヴル。パリでボヘミアン生活を送っていたマルセル・マルクス（アンドレ・ウィルム）は、今はこの町で靴みがきをしている。

愛妻のアルレッティ（カティ・オウティネン）と愛犬ライカとの暮らしは、豊かではないが、落ち着いた幸福な日々だ。

ある日、町にアフリカからの不法移民を乗せたコンテナが漂着し、少年が、警察の摘発をすり抜けて逃走する。そして、マルセルと偶然出会う。

映画は、マルセルが少年を助けようと決意する過程と、アルレッティが重い病で入院する話を、並行して描いていく。

感心するのは、93分の短い映画なのに、何人もの人と出会ったような気持ちにさせることだ。

例えば、こんな場面がある。少年を追うモネ警視（ジャンピエール・ダルッサン）は、マルセルがかくまっていると目星をつけると、昔からよく知っている酒場のマダムを訪ねる。そして「マルセルを好きか？」と聞く。マダムが迷うことなく「とっても好きよ」と答えると、警視は、マルセルを信用し、彼らの味方になるのだ。ああ、これが本当に人を信頼するということなんだな、と思わずうなずいてしまう。

沈黙が多い独特の間、雑多なものを取り除いたシンプルな画。いつものカウリスマキ流は変わらない。そして、見終わった後。実はこれは現代のメルヘンだと気づく。

難民をめぐる状況は絶望的だから、逆にこの映画では希望が描かれているのだ。難民を排除するのではなく、人々の善意を信じ、助け合い、つながっていく。その方向にしか未来はないというメッセージが、しっかり伝わってくる。

これを知るともっと見たくなる　常連が多い出演者

カウリスマキ作品の出演者は常連が多い。

主役のアンドレ・ウィルムは、パリを舞台にした1992年の『**ラヴィ・ド・ボエーム**』でも、今作と同じマルセル・マルクスの役名で出演。今作では、昔はパリでボヘミアン生活をしていたと話す。

妻役のカティ・オウティネンは、90年の『**マッチ工場の少女**』や、96年の『**浮き雲**』などでもヒロインを演じたフィンランドの名女優。そのほか、密告者を演じたジャンピエール・レオら、おなじみの顔ぶれが出演している。

カウリスマキ映画のファンにとっては、こうした俳優たちに会えるのも楽しみになっている。

▶カンヌ国際映画祭で国際批評家連盟賞受賞。キネマ旬報ベスト・テン外国映画４位。ブルーレイ、ＤＶＤがキングレコードから販売。93分。カラー。ブルーレイは2500円＋税、ＤＶＤは1900円＋税

2011年　香港・中国▼監督＝アン・ホイ

95

『桃(タオ)さんのしあわせ』

静かで優しく、懐かしい

出演＝アンディ・ラウ、ディニー・イップ、ワン・フーリーほか。

静かに優しく過ごしたい夜がある。そんなときにぴったりなのが、香港の女性監督アン・ホイの『桃（タオ）さんのしあわせ』だ。

住み込みのお手伝いさんから深い愛情を受けて育った男性が、年を取って老人ホームに入った彼女の世話をする。ただ、それだけのストーリーなのだが、見ているうちに心が和らぎ郷愁をそそられる。夏目漱石『坊っちゃん』で、主人公の「おれ」を溺愛する奉公人のおばあさん「清（きよ）」を思い出してしまったせいだろうか。そんな不思議な懐かしさも、この映画にはある。

主人公の桃さん（ディニー・イップ）は身寄りがなく、13歳から60年間、香港の梁家（リョン）に、4代にわたって使用人として仕えてきた。

20歳で米国へ留学した梁家の息子ロジャー（アンディ・ラウ）が30歳で香港に戻ってくると、桃さんは彼のマンションに同居。彼の子どもの頃と同じように食事を含め、身の回り一切の世話をしている。だが、ある日、桃さんは脳卒中で倒れる。一命を取りとめた彼女は、老人ホームに入ることを希望する……。

ゆったりとした気持ちで見てほしい。桃さんがロジャーに作る料理は何と愛情に満ちて、おいしそ

※ブルーレイ、ＤＶＤがＮＢＣユニバーサル・エンターテイメントから販売。119分。カラー。ブルーレイは2381円＋税、ＤＶＤは1429円＋税。

　※2020年３月の情報です。

※

うなことか。老人ホームに面会に来たロジャーが、ほかの入居者たちに「義理の息子です」と答えると、桃さんが何とうれしそうな顔をすることか。リハビリを兼ねて、ロジャーと2人でホームの外を散歩している途中、映画プロデューサーのロジャーが忙しそうに仕事の電話をするのを聞いて、桃さんが何と安心したような表情をすることか。その桃さんの視線の先の木漏れ日が、何と美しいことか。

いかにも女性監督らしい細やかな配慮が感じられる場面が、一つ一つ心に深く染み入ってくる。

桃さん役のイップは1947年生まれ。歌手、女優として活躍。約10年ぶりに出演したこの映画で、ベネチア国際映画祭の女優賞を受けた。『インファナル・アフェア』など、ハードボイルドな役柄で知られるラウも、内省的で情の深いロジャーを好演。2人の名コンビが、作品に深い味わいを与えた。

これを知るともっと見たくなる
アジアを代表する女性監督

アン・ホイ監督は、中国人の父と日本人の母の間に1947年、中国遼寧省で生まれた。中国名表記は許鞍華。幼い頃に香港に移住し、香港大学を卒業後、ロンドンで映画を学び、帰国後に監督デビュー。70年代後半から80年代にかけて登場した「香港ニューウエーブ」の一人として注目を集めた。

代表作に、マギー・チャン主演で母と娘の葛藤を描いた半自伝的な作品『**客途秋恨**』(90年)や、認知症の義父の面倒を見る女性を主人公にした『**女人、四十。**』(95年)など。国際映画祭での受賞も数多い、アジアを代表する女性監督だ。

▶ベネチア国際映画祭で女優賞受賞。キネマ旬報ベスト・テン外国映画11位。

2011年　アメリカ▼監督＝ウディ・アレン

96

『ミッドナイト・イン・パリ』

見事な脚本、楽しさ満点

出演＝オーウェン・ウィルソン、マリオン・コティヤール、キャシー・ベイツほか。

早朝のセーヌ川、雨にぬれた石畳、ライトアップされたエッフェル塔……。パリは、何と美しい街なのだろう。ピカソやダリやヘミングウェー……。世界中から芸術家が集まっていた1920年代のパリは、何と心が躍る場所だったのだろう。

ウディ・アレン監督『ミッドナイト・イン・パリ』は、祝祭感と詩情にあふれた映像と音楽で、パリという都市が持つ類いまれな魅力を存分に描き出している。

米国人の映画脚本家ギル・ペンダー（オーウェン・ウィルソン）は、婚約者のイネズ（レイチェル・マクアダムス）と一緒にパリを訪れる。パリが大好きなギルは、この街に引っ越して小説家として生きていきたいと、イネズに告白する。だが、彼女は取り合ってくれない。

ある夜、独りで街をさまよっていたギルが、道端の階段に腰を下ろすと「12時の鐘」が鳴り、レトロな雰囲気の車が目の前で止まる。車に乗っているドレスアップした男女に誘われ、ギルは一緒にパーティーに参加する。

会場で、小説家のスコット・フィッツジェラルド夫妻に会ったギルは、パーティーの主催者は詩人のジャン・コクトーであると知る。ピアノを弾き語りしているのはコール・ポーター。ギルは、20年

※ＤＶＤが株式会社ＫＡＤＯＫＡＷＡから発売。94分。カラー。ＤＶＤは1800円＋税

Midnight in Paris
Written and Directed by Woody Allen
Kathy Bates
Adrien Brody
Carla Bruni
Marion Cotillard
Rachel McAdams
Michael Sheen
Owen Wilson
ミッドナイト・イン・パリ
監督・脚本 ウディ・アレン

※

代のパリにタイムスリップしていたのだ！20年代から現在（映画の中では2010年）に戻り、また20年代へ。展開は軽やかで無理がない。アレンの円熟の脚本が見事だ。ギルは20年代の世界でヘミングウェーやピカソに会う。そればかりか、当時の芸術家たちのミューズだった美女アドリアナ（マリオン・コティヤール）と、恋に落ちる。

70年代初めから、アレンの映画をずっと見てきた。女性とのすれ違いや故郷の米ニューヨークへの偏愛を、冗舌かつ皮肉に語り続けてきた彼が、この作品では、パリに憧れる米国人の心情を素直に表現しているように見えるのが面白い。

ギル役のウィルソンが好演。ときにアレン自身が演じているような錯覚すら抱いてしまう。楽しさという点では、アレン作品の中でも一、二を争う秀作と言えよう。

これを知るともっと見たくなる 都会の映画作家

『アニー・ホール』『マンハッタン』『ハンナとその姉妹』。ウディ・アレンの作品はニューヨークが舞台というのが定番だった。パリが重要な舞台として登場したのは、1997年の**『世界中がアイ・ラヴ・ユー』**が初めてだっただろうか。

その後は**『マッチポイント』**以降のロンドン3部作、**『それでも恋するバルセロナ』『ローマでアモーレ』**など、欧州の都市での作品が目立つ。

背景には製作費の問題もあるようだが、舞台は変わっても、大都市とそこに暮らす人々を愛する姿勢は一貫している。ウディ・アレンは都会の映画作家なのだ。

▶米アカデミー賞で脚本賞受賞。キネマ旬報ベスト・テン外国映画５位。

2012年　アメリカ▼監督＝ノア・バームバック　97

『フランシス・ハ』

半端だっていいじゃない

出演＝グレタ・ガーウィグ、ミッキー・サムナー、アダム・ドライバーほか。

映画を見る楽しみの一つは、新しい才能に出会うことだ。ノア・バームバック監督『フランシス・ハ』を初めて見たとき、軽い興奮とともに、そんな幸福感を味わった。

この作品には、若さだけで突っ走れなくなる年齢になったヒロインの迷いや悩みが、とてもリアルに描かれている。

主人公の同世代にはもちろん、青春を通り過ぎてしまった人たちにも、お薦めしたい作品だ。きっと、あのころの記憶が、甘く、ほろ苦く、よみがえってくるはずだ。

フランシス（グレタ・ガーウィグ）はニューヨークで暮らす27歳のダンスカンパニー実習生。大学以来の親友で、出版業界で働くソフィー（ミッキー・サムナー）とルームシェアをしている。

成功を夢見る2人だが、現実はうまくいかない。恋人と別れたフランシスは、ソフィーに同居を解消され、居場所を探さなければならなくなる。

パーティーで知り合ったレヴ（アダム・ドライバー）とその友人の3人で同居生活を始めるが、彼らと恋愛が始まるわけではない。頑張っているダンスは芽が出ない……。

周りは皆、落ち着いた大人に成長していくように見え、自分だけが取り残されている感じがする。

※ＤＶＤ、ブルーレイがポニーキャニオンから販売（発売元：新日本映画社）。86分。モノクロ。
ＤＶＤは3800円＋税、ブルーレイは4700円＋税。

※

そんな不安や焦りが、フランシスを苦しめる。ガーウィグが「27歳にしては老け顔」で、前向きだが、1人で空回りしてしまうところや、大ざっぱなところもあるヒロインを好演。デビッド・ボウイの「モダン・ラヴ」をバックにニューヨークの街を疾走するシーン、きらめくような名場面もある。随所に過去の名作へのオマージュがあるのも楽しい。

題名が、なぜ「フランシス・ハ」なのかは、ラストで明らかになる。でも、いろんな解釈は可能だ。筆者としては、「ＨＡ」を「まあ！」と喜びを表すときにも使われる間投詞と見て、「フランシス、やったね！」と受け取りたいのだが。

いずれにせよ、この映画の最大の魅力は、現代に生きる普通の真面目な女性たちを等身大に描いているところだ。「半端なく生きよう」と無理をしなくても、半端だっていいじゃない。そう思えば、随分楽になるはずだ。

これを知るともっと見たくなる
『レディ・バード』を監督

主演のグレタ・ガーウィグは１９８３年生まれ。フランシスと同じ、米カリフォルニア州サクラメント出身で、映画の中でサクラメントに帰郷する場面の両親役は、ガーウィグの実の両親が演じた。

演技だけでなく、脚本も手掛け、『フランシス・ハ』はバームバック監督との共同脚本。自ら脚本を書き、初監督した自伝的作品『**レディ・バード**』（２０１７年）は、18年のアカデミー賞で作品賞、監督賞などにノミネートされた。そんなメッセージも伝わってくる。

2014年　韓国▼監督＝ユン・ジェギュン

98

『国際市場で逢いましょう』

涙と笑いで描く韓国現代史

出演＝ファン・ジョンミン、キム・ユンジン、オ・ダルスほか。

涙もろいので「泣ける映画」は嫌いだ。だが、このユン・ジェギュン監督『国際市場で逢いましょう』には参った。久しぶりに号泣してしまった。

主人公は、韓国・釜山の国際市場で雑貨店を営むドクス（ファン・ジョンミン）。今は、妻のヨンジャ（キム・ユンジン）と幸福に暮らしている。だが、すぐにカッとなる性格のため、これまでの苦難に満ちた人生を知らない子や孫たちからは煙たがられている。

１９５０年12月、朝鮮戦争中の興南（現在の北朝鮮・興南区域）の港。南に逃げようとする大勢の避難民が、米軍の船にわれ先に乗り込む大混乱の中で、幼いドクスは背中におぶっていた妹マクスンを見失ってしまう。

両親と下の弟妹は既に船に乗り込んでいたが、父親はマクスンを捜しに下船する。その際、長男のドクスに「俺がいなければおまえが家長だ。家族を守れ」と言い残す。

親類を頼って釜山に落ち着いたドクスは、父親との約束を忘れず、母と弟妹を守る。弟の学費を作るために、ドイツの炭鉱に出稼ぎに行く……。

63年に始まったドイツへの炭鉱労働者の派遣。64～73年のベトナム戦争への派兵。83年に放送された朝鮮戦争での離散家族を捜すテレビ番組。韓国現代史の重要な出来事が、ドクスの体験を通してテンポよく描かれる。

暗い映画ではない。ドイツで出会うヨンジャとの恋愛や、親友のダルグ（オ・ダルス）の三枚目的な明るさなど、笑える場面も多い。なのに、なぜ涙が出るのだろう。

多分、家族のために懸命に働き続けるドクスの姿が、同じく長男で戦中戦後を通じ〝家長〟として親兄弟と妻子を養ってきた自分の父親と、重なってしまうからだ。

戦争で苦しむベトナムの子どもたちを見たドクスは、妻に手紙を書く。

「つらい時代に生まれ苦しみを味わったのが、子どもたちじゃなく僕たちで、本当によかった」

庶民の感情は、国境を超えて共通している。そして、彼らの苦労が、韓国にも日本にも、現在の繁栄をもたらしたのだ。

韓国では1400万人以上が見た大ヒット作品。日本の観客が『ALWAYS　三丁目の夕日』に感動する気持ちと通じるものがあるのだろう。

これを知るともっと見たくなる
放送は世界記憶遺産に

映画の中で紹介されているドクスが父や妹を捜すために参加するテレビ番組は、韓国放送公社（KBS）が放送した「離散家族をさがしています」。

朝鮮戦争休戦から30年後の1983年6月30日夜に生放送が始まると、韓国全土から電話が殺到、KBS前には大勢の人が押し寄せた。

このためKBSでは、11月14日まで138日間、計453時間45分の生放送を続け、番組を通して1万以上の家族が、生き別れた家族と再会できたという。

この放送は、国連教育科学文化機関（ユネスコ）の世界の記憶（世界記憶遺産）に2015年に登録されている。

▶「韓国のアカデミー賞」とも呼ばれる大鐘賞で、最優秀作品賞、監督賞、主演男優賞、助演男優賞などを受賞した。DVDがビクターエンタテインメントから販売。127分。カラー。DVDは4700円＋税

2015年　アメリカ▼監督＝ジェイ・ローチ　99

『トランボ　ハリウッドに最も嫌われた男』

名脚本家の不屈の闘い

出演＝ブライアン・クランストン、ダイアン・レイン、ヘレン・ミレンほか。

1953年公開の『ローマの休日』は、今も世界中の映画ファンに愛される傑作だ。米アカデミー賞では、オードリー・ヘプバーンの主演女優賞など3部門で受賞。脚本のイアン・マクレラン・ハンターが、原案賞を受賞した。

だが、実は脚本を書いたのは別人だった。彼の名前はダルトン・トランボ。共産党員だったため、冷戦下の米国で吹き荒れた「赤狩り」で映画界から追放され、友人のハンターに名前を借りるしか、脚本を世に出すことができなかったのだ。

『トランボ　ハリウッドに最も嫌われた男』は、この米映画界の裏面史を、トランボのエネルギッシュな生き方を中心に据えて、テンポよく描いた作品だ。

47年、ハリウッドの売れっ子脚本家だったトランボ（ブライアン・クランストン）は、下院非米活動委員会の聴聞会に証人として喚問される。証言を拒否すると、議会侮辱罪で起訴される。50年に有罪が確定、10カ月服役したが、出所後も危険分子とレッテルを貼られ、仕事ができない状況は続く。妻と3人の子どもを抱えた彼は偽名で脚本を書き始める……。

トランボらをヒステリックに攻撃するコラムニスト（ヘレン・ミレン、憎たらしいほどうまい）、

※ブルーレイ、ＤＶＤがＴＣエンタテインメントから発売（配給は東北新社　STAR CHANNEL MOVIES）。124分。カラー。ブルーレイは4700円＋税、ＤＶＤは3800円＋税。

※

金もうけだけを考えているようで実はおとこ気があるB級映画会社社長（ジョン・グッドマン）。登場人物は多彩でエピソードは満載だ。何しろ、ジョン・ウェインやカーク・ダグラスらのスターも登場するのだから。

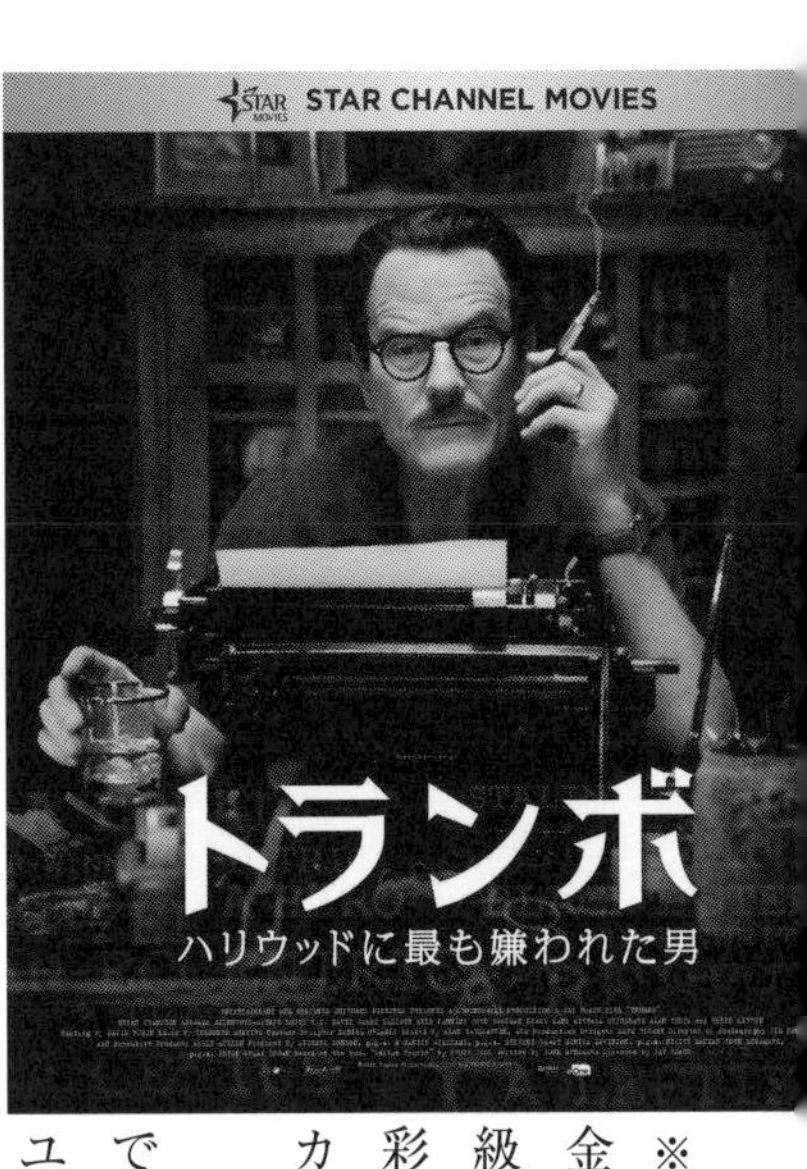

監督は『オースティン・パワーズ』などコメディーで知られるジェイ・ローチ。深刻で暗い映画にせずに、ユーモアを交えながら、トランボのタフで不屈な闘いを描いた。彼を支えた妻（ダイアン・レイン）や長女（エル・ファニング）など家族の愛情、葛藤も、大きなテーマになっている。

トランボが犠牲になった「赤狩り」は、50年代の日本でも起き、多くの映画人が映画会社から追放された。ヒステリックな「時代の空気」の怖さと、同調圧力に抗して思想や信念を貫くことの難しさを考えさせられる。

これを知るともっと見たくなる
死後、妻にオスカー像授与

トランボがいかに優れた脚本家だったか。ロバート・リッチという偽名で書いた「**黒い牡牛**」が、『**ローマの休日**』に次いで、１９５７年の米アカデミー賞原案賞を受賞したことでもわかる。

ほかの代表作には、映画の中でも出てくる『**スパルタカス**』のほか、『**パピヨン**』、自ら監督した『**ジョニーは戦場へ行った**』などがある。

76年、70歳で死去。93年のアカデミー賞では、『ローマの休日』の原案賞が、トランボに改めて贈られ、妻のクレオにオスカー像が授与された。

▶キネマ旬報ベスト・テン外国映画４位。

2016年　イギリス・フランス・ベルギー▼監督＝ケン・ローチ　100

『わたしは、ダニエル・ブレイク』

弱者見捨てる社会への怒り

出演＝デイブ・ジョーンズ、ヘイリー・スクワイアーズ、ケマ・シカズウェほか。

世の中、腹が立つことが多い。現金自動預払機（ATM）で、なぜ手数料を取られるのか。年金の問い合わせ電話は、なぜつながらないのか。なぜ、平気でうそをつく政治家が大きな顔をし続けるのか。書き始めると、止まらなくなる。

『わたしは、ダニエル・ブレイク』の英国の監督ケン・ローチは、そうした怒りの代弁者のような存在だ。労働者や社会的弱者に寄り添い、不公平な社会や理不尽なシステム、官僚主義を一貫して告発し続けてきた。

ダニエル・ブレイク（デイブ・ジョーンズ）は、英国北東部のニューカッスルで暮らす59歳の大工だ。心臓発作を起こし、医師から、仕事を辞めるように診断を受けた。

妻に先立たれ独り暮らしの彼は、国の支援手当の審査を受けるが、「医療専門家」の的外れな質問に怒る。それが影響したのだろうか。「受給資格なし」と判定されてしまう。仕方なく職業安定所を訪れると、全てがオンラインでしか手続きできない状況に戸惑う。

膝を打ってしまうのは、ダニエルと同じく古い世代だからだろう。パソコンのトラブルで途方に暮れ、自動音声電話に翻弄され、役所のマニュアル一辺倒の対応にいら立つ。いずこも同じ、時代遅れ

※ブルーレイ、DVDがバップから発売。100分。カラー。ブルーレイは4800円＋税、DVDは3800円＋税。

※

の人間の宿命だ。

物語は、ダニエルが2人の幼い子どもを持つシングルマザー、ケイティ（ヘイリー・スクワイアーズ）の窮状を目撃したことから展開していく。

彼らは助け合って、一生懸命生きようとするが、状況は悪化する一方だ。国も法律も規則も彼らを救ってくれず、ますますみじめになっていくだけだ。ついに、手続きを放棄しようとするダニエルに対し、職安の優しい女性係員は思いとどまらせようと説得するが、彼はこう言う。「ありがとう。でも、尊厳を失ったら終わりだ」。そして、ある行動を起こす。

ここから先は映画を見て、肌で感じてほしい。公開された2016年（日本公開は17年）に80歳になったローチの衰えることない怒りと闘志が、熱く伝わってくるはずだ。ダニエルのような普通の市民を大切にできず、弱者を切り捨てる社会はおかしい。ローチの叫びが聞こえてくる。

これを知るともっと見たくなる 引退宣言を撤回

ケン・ローチは、前作『**ジミー、野を駆ける伝説**』（2014年）で、劇映画からの引退を表明した。その発言を撤回してまで撮りたかったのが、この『わたしは、ダニエル・ブレイク』だ。

主演のデイブ・ジョーンズは、コメディアンとして活躍し、舞台経験も豊富だったが、映画はこれが初出演だった。

「年齢も出身地も階級もぴったりだった。本心で率直に人と話すから演技にも真実味がある」

ドキュメンタリー映画『**ヴァーサス／ケン・ローチ映画と人生**』（ルイーズ・オズモンド監督）の中で主演に抜てきした理由を、ローチ自らが語っている。ローチの半生を追ったこの作品もなかなか見応えがある。

▶カンヌ国際映画祭で最高賞（パルムドール）受賞。キネマ旬報ベスト・テン外国映画1位。

『もう一度見たくなる 100 本の映画たち』
邦題名別索引
（50 音順、数字は公開年、ページ数の順）

著者………立花珠樹（たちばな・たまき）
映画評論家、共同通信編集委員。1949年、北九州市生まれ。一橋大卒。90年代から文化部記者として映画を取材する。映画人のロングインタビューや、名作の楽しい見方を紹介するコラムなどを執筆。著書に、『あのころ、映画があった』『女と男の名作シネマ』『厳選　あのころの日本映画101』（いずれも言視舎）をはじめ、吉永小百合と共著の『私が愛した映画たち』（集英社新書）、『凛たる人生　映画女優香川京子』（ワイズ出版）、『若尾文子〝宿命の女〟なればこそ』（同）、『岩下志麻という人生』（共同通信社）などがある。

装丁………山田英春
DTP組版………勝澤節子
編集協力………田中はるか

※本書は2017年10月から2019年10月にかけて共同通信編集委員室から配信した「あのころ、映画があった―必見の外国映画名作選」を再編集、加筆したものです。なお、ＤＶＤ等のデータは断り書きのあるものを除いて記事配信時のものです。

もう一度見たくなる100本の映画たち
［外国映画編］

発行日❖2020年3月31日　初版第1刷

著者
立花珠樹

発行者
杉山尚次

発行所
株式会社言視舎
東京都千代田区富士見2-2-2　〒102-0071
電話03-3234-5997　FAX 03-3234-5957
https://www.s-pn.jp/

印刷・製本
中央精版印刷㈱

ISBN978-4-86565-174-4 C0074

本書の姉妹編『女と男の名作シネマ』
収載作品（邦題50音順）

★あ行
愛人ラマン／アイズ　ワイド　シャット／逢びき／アデルの恋の物語／あの頃ペニー・レインと／
アパートの鍵貸します／雨に唄えば／アメリ／嵐が丘／アルフィー／或る夜の出来事／いつも２人で／
愛しのローズマリー／イングリッシュ・ペイシェント／エターナル・サンシャイン／
エディット・ピアフ　愛の讃歌／男と女

★か行
風と共に去りぬ／哀しみのトリスターナ／悲しみよこんにちは／ガープの世界／髪結いの亭主／
花様年華／華麗なるギャツビー／ギター弾きの恋／ギルバート・グレイプ／蜘蛛女のキス／
暗くなるまでこの恋を／グラン・ブルー／クレイマー、クレイマー／クローサー／軽蔑／恋する惑星／
恋におちたシェイクスピア／恋におちて／恋のゆくえ　ファビュラス・ベイカー・ボーイズ／恋人たち
／恋人たちの予感／地上（ここ）より永遠（とわ）に／ゴースト　ニューヨークの幻／ことの終わり

★さ行
サイドウェイ／さよならゲーム／ジェーン・エア／静かなる男／七年目の浮気／ジョンとメリー／
スパニッシュ・アパートメント／草原の輝き／存在の耐えられない軽さ

★た行
タイタニック／誰が為に鐘は鳴る／小さな恋のメロディ／長江哀歌（エレジー）／追憶／月の輝く夜に
／つぐない／ティファニーで朝食を／天国の日々／トーク・トゥ・ハー／ドクトル・ジバゴ／
トム・ジョーンズの華麗な冒険／トリコロール／赤の愛

★な・は行
眺めのいい部屋／嘆きの天使／夏の嵐／日曜日が待ち遠しい！／初恋のきた道／
ハロルドとモード　少年は虹を渡る／ビフォア・サンライズ　恋人までの距離（ディスタンス）／
ブリジット・ジョーンズの日記／プリティ・ウーマン／ブルーベルベット／
ブロークバック・マウンテン／ベニスに死す／ベルリン・天使の詩／慕情／ポンヌフの恋人

★ま・や・ら・わ行
マイ・フェア・レディ／マッチポイント／マリリン　７日間の恋／マンハッタン／ムーラン・ルージュ
／めぐり逢い／夜霧の恋人たち／ライアンの娘／ライムライト／ラスト、コーション／
ラストタンゴ・イン・パリ／ラブ・アクチュアリー／リトル・ロマンス／リービング・ラスベガス／
猟奇的な彼女／恋愛小説家／恋恋風塵／ロスト・イン・トランスレーション／ローマの休日／
ロミオとジュリエット／ワイルド・アット・ハート

本書の姉妹編『あのころ、映画があった』
収載作品（邦題50音順）

★あ行
愛の嵐／明日に向って撃て！／アニー・ホール／甘い生活／アマデウス／アラバマ物語／
アラビアのロレンス／アンダーグラウンド／イヴの総て／ウエイクアップ！　ネッド／浮き雲／裏窓／
麗しのサブリナ／永遠と一日／映画に愛をこめて　アメリカの夜／大いなる幻影／狼たちの午後／
大人は判ってくれない／俺たちに明日はない

★か・さ行
カイロの紫のバラ／カサブランカ／カッコーの巣の上で／気狂いピエロ／北国の帝王／恐怖の報酬／
グレン・ミラー物語／グロリア／サイコ／ザ・コミットメンツ／サボテン・ブラザース／
さらば、わが愛 覇王別姫／サンセット大通り／シェルブールの雨傘／死刑台のエレベーター／
シザーハンズ／シャイニング／ジャッカルの日／シャレード／情婦／ジンジャーとフレッド／
スタンド・バイ・ミー／スティング／ストレンジャー・ザン・パラダイス／スモーク／青春群像／
００７　ロシアより愛をこめて／卒業

★た・な行
ダーティハリー／第三の男／大脱走／太陽がいっぱい／太陽に灼かれて／大列車作戦／
タクシードライバー／黄昏／チャイナタウン／ディア・ハンター／テキサスの五人の仲間／
テルマ＆ルイーズ／天国から来たチャンピオン／天井桟敷の人々／突然炎のごとく／
ナイト・オン・ザ・プラネット／渚にて／ニュー・シネマ・パラダイス

★は行
灰とダイヤモンド／博士の異常な愛情／バグダッド・カフェ／ハスラー／八月の鯨／バベットの晩餐会
／ハリーとトント／ハリーの災難／パリ、テキサス／パルプ・フィクション／悲情城市／日の名残り／
ひまわり／フィールド・オブ・ドリームス／ブリキの太鼓／ブルース・ブラザース／ブレードランナー
／フレンチ・コネクション／フロント・ページ／ヘッドライト／冒険者たち／北北西に進路を取れ

★ま・や・ら・わ行
マイライフ・アズ・ア・ドッグ／真夜中のカーボーイ／道／三つ数えろ／ミツバチのささやき／めまい
／欲望の翼／ラスト・ショー／ラスト・ワルツ／ローズマリーの赤ちゃん／旅情／ルシアンの青春／
ワンダとダイヤと優しい奴ら